新发展格局下西部陆海新通道建设高质量发展研究

XIN FA ZHAN GE JU XIA
XI BU LU HAI XIN TONG DAO
JIAN SHE GAO ZHI LIANG FA ZHAN YAN JIU

杨耀源 著

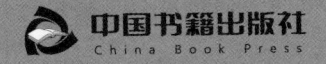

中国书籍出版社
China Book Press

图书在版编目（CIP）数据

新发展格局下西部陆海新通道建设高质量发展研究 / 杨耀源著. — 北京：中国书籍出版社, 2022.1
ISBN 978-7-5068-8831-8

Ⅰ.①新… Ⅱ.①杨… Ⅲ.①区域经济发展—研究—中国 Ⅳ.①F127

中国版本图书馆CIP数据核字(2021)第279597号

新发展格局下西部陆海新通道建设高质量发展研究

杨耀源　著

责任编辑	马丽雅
责任印制	孙马飞　马　芝
封面设计	橙　子
出版发行	中国书籍出版社
地　　址	北京市丰台区三路居97号（邮编：100073）
电　　话	（010）52257143（总编室）　（010）52257153（发行部）
电子信箱	chinabp@vip.sina.com
经　　销	全国新华书店
印　　刷	河北盛世彩捷印刷有限公司
开　　本	880毫米×1230毫米　1/32
字　　数	120千字
印　　张	6.25
版　　次	2022年1月第1版　2022年1月第1次印刷
书　　号	ISBN 978-7-5068-8831-8
定　　价	45.00元

版权所有　侵权必究

目录

第一章 引言 ·········001

第一节 研究背景·········002

第二节 研究意义·········003

第三节 国内外文献综述·········005

第四节 基本思路与方法·········010

第五节 创新之处和重难点·········012

第二章 相关概念与理论基础·········013

第一节 相关概念的阐述·········014

第二节 相关理论和理论分析·········020

第三章 "双循环"新发展格局与西部陆海新通道建设高质量发展 ·········031

第一节 新发展格局的提出·········032

第二节 西部陆海新通道建设高质量发展在构建国内大循环中的角色···043

第三节 西部陆海新通道建设高质量发展在构建国际大循环中的角色···047

第四节 西部陆海新通道建设高质量发展是促进双循环的重要载体······053

第四章 西部陆海新通道建设高质量发展的现实基础……065

第一节 西部陆海新通道建设的演进进程……066

第二节 西部陆海贸易新通道建设的现状……077

第三节 诸多有利条件……091

第四节 面临的瓶颈与现实挑战……103

第五章 西部陆海新通道建设高质量发展的主要内容……126

第一节 西部陆海新通道建设高质量发展的基本内涵……127

第二节 西部陆海新通道建设高质量发展的支撑要素……138

第三节 西部陆海新通道建设高质量发展思路……147

第六章 推进西部陆海新通道建设高质量发展的对策建议……154

第一节 加快推进西部地区产业政策的调整与转型……155

第二节 加强通道沿线基础设施建设，提升集疏服务能力……158

第三节 推进陆海新通道扩容增效……161

第四节 健全沿线协同沟通机制……163

第五节 持续优化营商环境……166

第六节 持续改革投融资机制，实现可持续发展……171

第七节 进一步提升开放和国际合作水平……175

第八节 加快构建通道沿线风险防控机制……182

第九节 探索建立畅通各要素在通道沿线西部省区市自由流动的内需体制机制……185

参考文献……187

第一章

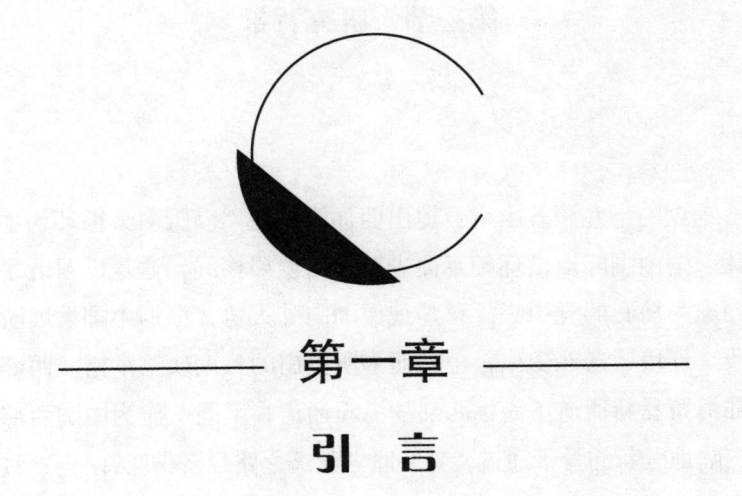

引 言

第一节 研究背景

党的十九届五中全会提出要加快构建"以国内大循环为主体、国内国际双循环相互促进"的新发展格局,这是以习近平同志为核心的党中央,科学把握国内外大势,根据中国发展阶段、环境、条件变化,主动而为所做出的长期战略举措。西部陆海贸易新通道(简称西部陆海新通道,下同)作为中国西部内陆地区新的骨干通道,其北联"丝绸之路经济带",南连"21世纪海上丝绸之路",协同衔接"长江经济带",目的地已覆盖东南亚、欧洲、中亚、南亚等多个区域,对全球贸易互联互通和世界地理贸易格局带来深刻影响。因此,"双循环"新发展格局背景下,推动西部陆海新通道建设高质量发展需要一方面深刻分析西部陆海新通道建设高质量发展的现实基础、战略地位、功能和定位,主要内容以及面临的主要瓶颈,另一方面则需要充分挖掘西部陆海新通道自身的潜能,寻求推动西部陆海新通道建设高质量发展的路径,从而助推"双循环"新发展格局的形成。

第二节 研究意义

2019年8月，中国国家发改委印发的《西部陆海新通道总体规划》曾明确提出"西部陆海新通道位于我国西部地区腹地，北接丝绸之路经济带，南连21世纪海上丝绸之路，协同衔接长江经济带，在区域协调发展格局中具有重要战略地位"。在西部陆海新通道上升为国家战略后，西部陆海新通道建设取得积极成效。在中国加快构建新发展格局和新时代推进西部大开发形成新格局的背景下，推动西部陆海新通道建设高质量发展是贯彻新发展理念、构建新发展格局的不二选择，更是打通堵点、连接断点，畅通西部经济循环，引领西部地区高水平更高质量发展，推动中国—东盟区域经济合作迈向更高层次阶段，有效维护中国东盟供应链安全和产业链稳定提供重要支撑的战略举措。

从理论意义上说，本书综合运用国际关系、国际贸易、经济学、管理学等相关学科理论与技术方法，基于"双循环"新发展格局背景下系统研究西部陆海新通道建设高质量发展。首先分析新发展格局与西部陆海新通道建设高质量发展的关系，认清西部陆海新通道建设高质量发展在新发展格局的角色和定位。接着分析西部陆海新通道建设高质量发展的现实基础，梳理西部陆海新通道建设演进历程、发展现状以及战略影响；再接着主要从西部陆海新通道建设高质量发展的内涵、目标、任务，总结西部陆海新通道建设高质量发展的主要内容。最后，提出实现西部陆海新通道建设高质量发展的政策建议。研究成果将进一步丰富西部陆海新通道建设研究，具有一定的理论价值和创新价值。

  从实践意义上说，研究成果将有助于理解西部陆海新通道建设高质量发展在新发展格局战略下的作用，有助于制定有效推动西部陆海新通道建设高质量发展的对策建议，从而有助于破除阻碍西部陆海新通道建设高质量发展的制约因素，加快推进新发展格局的形成。研究成果也可为相关部门提供智库支持、决策参考。

第三节 国内外文献综述

一、国内外已有研究

现将这些关于西部陆海新通道建设的研究成果进行整理，主要集中在如下方面：

（1）关于以地方为主体参与推进西部陆海新通道建设的研究。主要观点有：宁坚（2020）以四川建设陆海新通道及通道物流发展现状为基础，选取成都至河内为例，对比分析不同运输方式的成本效率，提出促进南向物流降本增效的对策建议，助推西部陆海新通道建设高质量发展。①李牧原（2020）立足于重庆市人民政府印发的《重庆市推进西部陆海新通道建设实施方案》（以下简称《实施方案》），认为该《实施方案》紧扣"开放、融合、创新、带头"等关键词，围绕"新"字做文章，确立打造交通便捷、物流高效、贸易便利、产业繁荣、机制科学的西部陆海新通道的总目标，是助推西部陆海新通道建设的

---

① 宁坚：《促进四川南向物流降本增效，推动西部陆海新通道高质量发展》，《交通建设与管理》2020年第4期。

重庆方略。[①]张家寿（2019）认为，广西具备打造西部陆海新通道的优势条件，广西应依托西部陆海新通道，把握住其成为引领西部地区开放与经济增长的新引擎的重大历史契机。为此，提出从强化基础设施支撑，建设物流大通道，发挥开放引领作用，优化现代产业体系和构建有利于人才集聚的立体化人才体系五个方面打造西部陆海新通道。[②]

（2）关于围绕陆海新通道提速升级开展相关研究。主要观点有：陈小辉等（2020）立足西部陆海新通道及其海铁联运现状，围绕合作共建机制、海铁联运基础设施建设和双向货源发展等多个方面，提出实现西部陆海新通道多式联运发展健康有序发展的对策。[③]

（3）关于以新基建的视角助推西部陆海新通道的研究。主要观点有：吴俊（2020）提出，广西应将新基建的新技术、数字化与软件化要素纳入广西推动西部陆海新通道建设中长期规划，探索建立"西部陆海新通道新基建+新产业"融合发展模式，构建陆海新通道新基建政策体系，树立人才发展新理念等多方措施，有效抓住新基建推动西部陆海新通道建设的机遇。[④]

[①] 李牧原：《重庆方略助推西部陆海新通道建设拾级而上》，《集装箱化》2020年第4期。

[②] 张家寿：《打造西部陆海新通道 提升广西服务"一带一路"能力研究》，《桂海论丛》2019年第6期。

[③] 陈小辉等：《西部陆海新通道海铁联运发展与对策研究》，《铁道货运》2020年第6期。

[④] 吴俊：《以新基建助推西部陆海新通道建设提速升级》，《当代广西》2020年第21期。

张俊雄（2020）提出，将西部陆海新通道同时建设成为数字交通走廊，就要在建设实体新通道的同时加快信息基础设施、融合基础设施和创新基础设施的配套建设。①

（4）关于从战略规划层面助推西部陆海新通道建设的研究。主要观点有：杨祥章和郑永年（2019）认为，鉴于陆海贸易新通道建设意义的重要性、参与主体的多层面和规划路线的多样性决定了在推进过程中，应妥善处理央地、地方之间的利益、平衡政治效益与经济效益、扩大辐射范围、与其他交通（经济）走廊建设规划的协调。②傅远佳（2020）从强化开放战略地位，加快北部湾大湾区一体化以及与粤港澳大湾区的合作，统筹推进沿海沿江陆路干线一体化发展等方面，提出加快陆海新通道高水平建设的战略意义。③

（5）关于金融支持西部陆海新通道建设的研究。主要观点有：金融支持西部陆海新通道基础设施建设，要从服务国家战略和推动经济高质量发展的高度，着力构建差异化、专业化、综合化的全方位、多层次金融支持体系（黄建纲等，2020）。④有的学者认为，发展物流金融服务体系对于支持西部陆海新通

---

① 张俊雄：《为西部陆海新通道插上"数字翅膀"》，《当代广西》2020年第21期。

② 杨祥章、郑永年：《"一带一路"框架下的国际陆海贸易新通道建设初探》，《南洋问题研究》2019年第1期。

③ 傅远佳主编：《新时代高水平开放与西部陆海新通道建设研究》，北京：经济管理出版社，2020年版。

④ 黄建纲等：《金融支持西部陆海新通道基础设施建设研究》，《当代金融研究》2020年第2期。

道建设具有重要的现实意义，为此提出构建通道经济运营平台、通道投融资中心、金融和信息支撑系统"三位一体"的物流金融服务体系的政策建议（吴光豪，2020）。[①]此外，还有学者提出，从调整完善金融供需结构，推动人民币国际化，创新普惠金融运作方式，搭建跨境合作智能撮合平台，推动境内外联动等方式，支持西部陆海新通道建设（李扬等，2020）。[②]

二、已有文献简评

综上所述，国内学界对西部陆海新通道建设的研究进行深入探讨，形成了一批数量不菲的研究成果。这些研究成果，为西部陆海新通道建设高质量发展研究提供重要的参考借鉴。然而，当前学界缺乏对"双循环"新发展格局下推进陆海新通道建设高质量发展的全方位深入梳理和解析。主要体现在：一是缺乏对"双循环"新发展格局下西部陆海新通道建设高质量发展的现实意义、西部陆海新通道建设高质量发展在新发展格局下的角色的深入剖析；二是缺乏对西部陆海新通道高质量发展的目标与任务进行系统界定；三是缺乏对西部陆海新通道建设高质量发展面临的瓶颈进行深入梳理和归纳；四是对西部陆海新通道建设高质量发展推进路径缺乏深入研究。因此，"双循

---

① 吴光豪：《西部陆海新通道物流金融服务体系构建研究——以重庆市为例》，《区域金融研究》2020年第5期。

② 李扬、黄康：《浅析金融支持重庆陆海新通道建设》，《现代经济信息》2020年第10期。

环"新发展格局下西部陆海新通道建设高质量发展研究是一项重大的系统研究课题,需要在加强沿线基础设施建设,提升通道集疏能力的基础上,努力推进通道扩容增效,健全沿线协同沟通机制,持续优化营商环境,持续改革投融资机制,提升沿线互联互通和国际合作水平,加快构建通道沿线风险防控机制。

第四节 基本思路与方法

一、基本思路

本书从理清新发展格局与西部陆海新通道建设高质量发展关系入手,在"双循环"新发展格局的大背景下分析西部陆海新通道建设高质量发展的战略意义,梳理西部陆海新通道建设高质量发展的现实基础,聚焦西部陆海新通道建设高质量发展的主要内容,进而提出西部陆海新通道建设高质量发展的对策建议。

二、本课题的研究总体框架

第一章:引言。主要介绍了本书的研究背景及意义、国内外相关文献综述和研究的基本思路与方法。

第二章:相关概念与理论基础。本书在对国内外现有研究成果进行文献综述的基础上,对研究主题的相关概念理论基础进行详细分析,包括通道经济理论、枢纽经济理论、陆海统筹理论、海洋强国战略理论以及通道建设的制约因素(包括区位条件、社会经济基础、市场经济发展程度、产业结构的层次性、地缘政治等制约因素分析）。

第三章：理论分析完成后，深入分析西部陆海新通道建设高质量发展在新发展格局中所扮演的角色。

第四章：立足于西部陆海新通道建设的现实基础，深入分析西部陆海新通道演变进程与发展现状，阐述西部陆海新通道建设高质量发展面临的有利条件以及挑战。

第五章：阐述西部陆海新通道建设高质量发展的主要内容。

第六章：提出推进西部陆海新通道建设高质量发展的对策建议。

三、研究方法

（1）**文献研究法**。广泛查阅国内外研究相关的各种文件材料、新闻报道、政策报告、统计资料和学术论著等，对西部陆海新通道建设作一个初步的了解。

（2）**历史唯物主义研究方法**。通过运用唯物主义史学研究方法对西部陆海新通道演变历程以及建设现状进行分析，理清西部陆海新通道演变发展轨迹，归纳总结影响西部陆海新通道建设高质量发展的瓶颈，为提出西部陆海新通道建设高质量发展的关键路径做铺垫。

（3）**综合分析研究法**。该研究综合历史学、国际关系、经济学、战略学、管理学、法学、哲学等多学科知识，运用大数据分析、统计学多种方法和手段。

第五节　创新之处和重难点

一、创新之处

本书研究应用性强,政策性较强,在研究方法上注重理论研究与实证研究的结合;文献研究与实地调研相结合;通过采用具体案例,阐述制约西部陆海新通道建设高质量发展的瓶颈;提出推进西部陆海新通道建设高质量发展的对策建议。

二、重点和难点

本书以第三、四、五、六章为研究重点,其中,以第六章"推进西部陆海新通道建设高质量发展的对策建议"为难点部分,力争为推进西部陆海新通道建设高质量发展,更好服务和融入"双循环"新发展格局中发挥更大作用提供足够支撑。

第二章

相关概念与理论基础

第一节 相关概念的阐述

不论是基于理论研究还是政策研究，对西部陆海新通道的研究都需要理解和掌握西部陆海新通道的概念和理论基础，这有助于深化研究广度和深度。虽然近年来西部陆海新通道建设迅速崛起，但当前对西部陆海新通道的理论研究尚处于起步和探索阶段。本章首先对西部陆海新通道、高质量发展以及新发展格局的概念及特点进行梳理，其后再完善对通道经济、海洋经济、枢纽经济、陆海新通道建设制约因素等相关理论的分析。

一、西部陆海贸易新通道的概念

西部陆海新通道的前身是南向通道。2017年2月，首次中新（重庆）战略性互联互通示范项目联合协调理事会正式提出"南向通道"的概念。随着南向通道建设的快速推进，"南向通道"的参与主体、地域范围、合作方式、发展方向均发生了重大变化，"南向通道"的提法已经不足以概括和指引中国与东盟深化合作的现实，因此，正式更名为西部陆海新通道更为准确，而且西部陆海新通道与"一带一路"倡议协同程度更高，战略影响力不言而喻。因此，最初对西部陆海新通道概念定义是"西部陆海新通道是在中新（重庆）战略性互联互通示范项目框架下，由中国西部省份与新加坡合作打造的陆海贸易新通道"。到了2019年8月，国家发展改革委印发了《西部陆海新通道总体规划》（简称《规划》，下同），提出"西部陆海新通道位于我国西部地区腹地，北接丝绸之路经济带，南连21世纪海上丝绸之路，协同衔接长江经济带，在区域协调发展格局中具有重要战略地位"[①]。《规划》还设计了西部陆海新通道的总体构架、空间布局、产业纵深和创新模式。按照规划，西部陆海新通道将建设自重庆经贵阳、南宁至北部湾出海口（北部湾港、洋浦港），自重庆经怀化、柳州至北部湾出海口，以及自成都经泸州（宜宾）、百色至北部湾出海口三条通路，共同形成西部陆海新通道的主通道。着力打造国际性综合交通枢纽，充分发挥重庆位于"一带一路"和长江经济带交汇点的区位优势，建设通道物流和运营组织中心；发挥成都国家重要商贸物流中心作用，增强对通道发展的引领带动作用。建设广西北部湾国际门户港，发挥海南洋浦的区域国际集装箱枢纽港作用，提升通道出海口功能。

二、高质量发展的概念及特点

高质量发展研究涉及经济学、政治学、环境科学、国际贸易学、社会学、管理学等交叉领域，因此学者们对于高质量发展的内涵和外延持有不同的看法，现今仍未对高质量发展的定义达成一致性的表述和认同，未统一界定其概念。高质量发展

---

① 《西部陆海新通道总体规划》，国家发展改革委员会官方网站。

是2017年中国共产党第十九次全国代表大会首次提出的新表述，表明中国经济由高速增长阶段转向高质量发展阶段。最早对高质量发展进行解读的是中国经济学界，中国经济学界对高质量发展的概念定义、内涵、定位、矛盾关系等诸多方面进行了解读。陈世清认为，高质量发展是发展经济学核心概念。高质量发展也叫经济高质量发展，真正的经济发展都是高质量发展。经济高质量发展是经济数据精确、营商环境优化、产品质量保证、资源精准对接与优化配置的增长方式，是创新驱动型经济的增长方式，是创新高效节能环保高附加值的增长方式，是智慧经济为主导、高附加值为核心、质量主导数量、GDP无水分、使经济总量成为有效经济总量、推动产业不断升级，推动经济建设、政治建设、文化建设、社会建设、生态文明建设五位一体全面可持续发展的增长方式。[1]刘伟从微观、中观、宏观层面对高质量发展进行了解读，从微观上看，要建立在生产要素、生产力、全要素效率的提高之上，而非靠要素投入量的扩大；从中观上看，要重视国民经济结构包括产业结构、市场结构、区域结构等的升级，把宝贵资源配置到最需要的地方；从宏观上看，则要求经济均衡发展。从高质量发展的本质、客观经济规律的要求方面回答推动经济高质量发展的必要性。[2]王一鸣认为，高质量发展根本在于经济的活力、创新力和竞争力，供给侧结构性改革是根本途径。[3]随着中国经济发展迈向高质量发展

---

[1] 《陈世清：深度解读双循环经济格局》，中国网。
[2] 《刘伟：以新发展理念引领高质量发展》，中国日报网。
[3] 《年中经济观察：破旧立新，为实现高质量发展拓空间》，半月谈。

阶段，中国基础设施建设也从规模扩张为主向提高质量为主的阶段转变。张永军提出，基础设施高质量发展的内涵包含以下五点基本特征：一是把创新作为发展的第一动力；二是协调成为发展的内生动力；三是绿色成为基础设施发展的普适要求；四是开放成为发展的必由之路；五是共享成为发展的目的。[①]

三、"双循环"新发展格局

2020年5月14日，中共中央总书记习近平主持召开中共中央政治局常务委员会，首次提出"要深化供给侧结构性改革，充分发挥我国超大规模市场优势和内需潜力，构建国内国际双循环相互促进的新发展格局"[②]。"双循环"新发展格局的提出，是适应中国社会主要矛盾转化和开启全面建设社会主义现代化国家新征程的客观要求，是适应国际环境发生复杂深刻变化的必然选择，是适应中国经济发展条件和比较优势变化的内在要求。[③]中国发展国际国内双循环已经具有一定的基础。改革开放初期，中国实施"国际经济大循环"战略。该战略成功让东部沿海地区依靠"两头在外，大进大出"的发展模式大力发展出口加工产业，成功进入全球市场，对中国工业化进程的加速与

---

① 《如何推动基础设施高质量发展》，《全球化》2019年第9期。
② 《中共中央政治局常务委员会5月14日召开会议 习近平主持会议并发表重要讲话》，新华网。
③ 王昌林：《新发展格局：国内大循环为主体，国内国际双循环相互促进》，北京：中国中信出版社，2021年1月版。

产业体系的完善产生积极的推动作用。[①]然而，2008年国际金融危机是我国国际国内双循环经济发展格局演变的分水岭。出于应对严峻的外部冲击需要，把扩大内需作为基本立足点，推动经济发展向内需主导转变，市场和资源两头在外的国际大循环动能减弱，而内需潜力不断释放，国内市场主导国民经济循环特征更加明显。当前，中国已经成为对全球经济产生重要影响的主要经济体，由于外部环境和中国发展具有的要素禀赋的变化，市场和资源两头在外的国际大循环动能明显减弱，而中国内需潜力不断释放，国内大循环活力日益强劲，我国发展格局的演变呈现出内循环、外循环占比此消彼长的变化。在此背景下，党中央提出"双循环"新发展格局战略，这为中国未来经济发展指明了方向。从深层次来看，"双循环"新发展格局有三大内涵：一是关系国计民生的关键领域实现内循环；二是全面挖掘国内市场，释放内需潜力，培育新的经济增长点；三是坚持改革开放的基本国策，进一步提升对外开放水平，形成国内国际互补的双循环格局。可见，在外部形势高度不确定的情况下，"双循环"新发展格局的提出，是充分发挥国家纵深广阔的经济优势，释放出规模效应和集聚效应的内在要求，是摆脱对国际大循环的过度依赖，切实维护中国的经济安全的有效举措。

在加快形成"双循环"新发展格局的背景下，基础设施建设高质量发展将是新发展格局形成的先导和基石。基础设施建设将迎来重大的历史机遇期。西部陆海新通道是国家重大级的

---

① 袁国宝：《双循环：构建以国内大循环为主体、国内国际双循环相互促进的新发展格局》，北京：中国经济出版社，2021年版。

综合交通基础设施，为此，推动西部陆海新通道建设高质量发展将成为"双循环"新发展格局的重要任务。这有助于加快实现西部经济循环的畅通，提升西部内陆地区内引外联的纽带功能，加快西部地区形成更高水平开放格局，带动西部地区实现更高质量发展；有助于进一步夯实中国东盟互联互通基础，加快推动东盟成为双循环的融合区，推动中国—东盟区域经济合作向更高层次发展；有助于确保国际物流供应链通畅，为维护中国与东盟供应链安全和产业链稳定提供重要支撑。

第二节 相关理论和理论分析

本节主要对通道经济理论、枢纽经济理论、陆海统筹理论、海洋强国战略理论,以及通道建设的制约因素进行理论分析。

一、通道经济理论

通道经济的理论基础来源是20世纪60年代德国学者沃纳·松巴特提出的点轴开发理论。点轴开发理论的核心思想是:强调对交通轴线的重视与开发,使极化过程与扩散过程沿轴线延伸与拓展,方便了极点与腹地间经济流的传递,使得依托交通轴线的极点推动经济增长的效果更为显著。通道经济则是点轴开发理论的扩充和延续。通道经济指的是以良好的地理环境、自然资源和人文条件为基础,依托通道优势,以经济合作为纽带,在交通干线的各省之间、城乡之间、各产业之间建立密切的经济联系,实行城乡分工、地区分工,形成一个主干线贯通、支线流畅、横向到边的网络,并通过市场手段,实行产业向通道聚焦和扩散,使国内外生产要素向通道区域涌流,形成纵向不断延伸的工业、农业、商贸、旅游等产业全面发展的新的经济网络。通道经济的三大基本支撑要素是交通干线或综合运输通道、以第二、第三产业为主的产业体系、中心城市和中小城镇群。交通干线或综合运输通道是形成通道经济的前提条件。沿交通轴线逐步发展的产业，特别是工业、通道产业的发展构成通道经济的主要内容。产业的集聚与扩散成为推进通道经济发展的动力。沿线分布的中心城市和中小城镇群是空间结构的节点，是通道经济发展的依托。

通道经济是随着通道变迁而发展演化的，经历交通通道经济、产业（转移）通道经济和制度通道经济三个阶段。交通通道经济阶段是一个建立在人类为之长期探索和发展的陆上通道和海上通道基础上的综合体，它综合了陆上、海上通道交通阶段。产业（转移）通道经济阶段已经完成了三次产业转移，进入21世纪，第四次全球产业转移浪潮已然到来。中国东部沿海发达地区的劳动密集型产业已经朝着中西部地区转移。制度通道经济所强调的是在区域经济一体化和全球经济一体化进程中，通过制度通道的建设和强化，加快区域经济和全球经济的发展，制度通道的形成与发展主要表现为自由贸易区的建立与发展。

二、枢纽经济理论

枢纽经济是一种充分利用交通枢纽或者地理枢纽的集聚扩散功能，吸引各种生产要素，包括原材料、劳动力资源、资本等在本地区交汇，从而大力发展本地区产业并赢得多种经济辐射的经济模式。这种经济模式的最大特点就在于所在地独特的交通地理位置。从点—轴理论来看，枢纽经济的所在区域是"点"，是交通网络的中枢或重要节点，载运工具流产生、汇集、交汇的关键区域，具体表现为交通区位条件、网络上的重要节点城市或枢纽城市；"轴"是交通轴线，"点"与"轴"互动产生一种综合经济系统。从增长极理论来看，枢纽经济所在区域是一定区域的经济核心，具有极化效应和扩散效应。枢纽经济城市通过极化效应集聚有利要素，提升综合实力，通过扩散效应促使腹地经济增长，促进区域协调发展。从流量经济理论来看，枢纽经济的关键发展条件是"五大流"，即物质流、资金流、人才流、技术流和信息流，枢纽城市承担"搅拌器"和"放大器"的功能，通过高效、有序和规范的流动，各要素实现其价值，并且通过循环不断的流动，要素流量的规模不断扩大，由此，达到该地区经济规模不断扩大、经济持续发展的目标。枢纽经济的演进也呈现出规律性，从交通枢纽到经济枢纽，再由经济枢纽到枢纽经济。枢纽经济既着重于交通枢纽的集散效应以及运输通道的极化、连带功能，又在此基础上加以扩展，表现为一种以交通枢纽为中心，以通道为扩散方向，呈多中心放射性发展的形态。西部陆海新通道建设可以让西部内陆腹地开放进入"双向开放，东西互济"的深度推进阶段。

三、海洋强国战略理论

海洋是21世纪人类社会生存和可持续发展的物质基础。中国有着极为丰富的海洋资源，沿海地区分布着全国50%以上的大城市，用不到全国30%的陆域土地，承载着全国40%以上的人口，占着70%以上的国内生产总值，生产着全国90%的出口产品，吸引着全国85%的外来投资。事实证明，海洋资源、临海经济资源优势与中国的崛起与伟大复兴密切相连。历史反复证明，世界大国崛起，几乎都是从海洋开始。过去500年，在全球历史舞台上，相继出现的葡萄牙、西班牙、荷兰、英国、法国、德国、日本、俄罗斯和美国九个世界强国，他们几乎都是从海洋发迹，开拓全球市场，赢得生存空间，争取强国地位。进入21世纪，海洋在国际政治、经济、军事、外交格局中的地位更加凸显。国际竞争正从陆地向海洋延伸。世界主要沿海大国纷纷把维护国家海洋权益、发展海洋经济、保护海洋环境列为本国的重大发展战略。

党的十八大报告明确指出"提高海洋资源开发能力，发展海洋经济，保护海洋生态环境，坚决维护国家海洋权益，建设海洋强国"。海洋强国首次进入国家战略。建立海洋强国是党中央准确把握时代特征和世界潮流，深刻总结世界主要海洋国家和中国海洋发展历程，统筹谋划党和国家工作全局而作出的战略抉择，具有重大的现实意义和深远的历史意义。

国内许多学者对海洋强国战略的内涵进行了详细的解读。殷克东认为，海洋强国可以从两个方面进行定义：从名词的角度，海洋强国可以定义为在海洋领域强大的国家，即一国可以通过海洋的发展获得比较多的国家利益，此为典型的海洋强国；从动词的角度来看，海洋强国可以定义为一国通过海洋发展使该国成为世界强国，即该国不仅在海洋领域是强国，而且通过海洋的强势使其成为陆域的强国，可以说海洋是其成为强国的手段，此为陆海强国。同时，他还认为，海洋强国是一个历史范畴，在几千年的历史长河中，不同时代具有不同的海洋强国概念。不同时代，海洋强国的标准和发展模式也不相同。[①]陈明义认为，到2050年我国的海洋综合实力应处于世界的前列，我国的海洋产业占GDP的比重应达到30%左右，新兴的海洋产业应成为推动海洋经济可持续发展的重要动力，海洋的环境优美，人与海洋和谐相处，海洋的防卫力量大大提高，维护国家海洋战略利益和海上安全秩序的能力大大增强，还要确立我国在国际海洋事务和抵御海上风险上的大国地位。[②]徐胜认为，新时代中国特色海洋强国战略的基本内涵是和平发展与维护海洋权益，其主旨是通过多领域多层次的国际海洋合作、公平合理的国际海洋秩序和人类共同蓝色家园的构建来实现合作共赢。[③]

中国已经具备建立建设海洋强国战略形成的现实条件。从国内层面来看，改革开放40年来我国的经济实力和综合国力都得到了显著的提升。进入新时代，我国的发展已经逐渐从"开放战略"转换到"海洋利益不断拓展下的全球治理战略"阶段，作为一个陆海复合型的国家，海洋在国家经济发展的整体格局和对外开放中的作用日益重要，海洋强国的建设条件日趋成熟。[④]从国际层面来看，全球化时代，在全球政治经济格局发生深刻转型的过程中，海洋利益对于一个国家的安全和发展日益

[①] 殷克东、方胜民：《海洋强国指标体系》，北京：经济科学出版社，2008年版。

[②] 陈明义：《海洋强国的内涵》，《政协天地》2013年第8期。

[③] 徐胜：《走中国特色的海洋强国之路》，《求是》2013年第21期。

[④] 张根福、魏斌：《习近平海洋强国战略思想探析》，《思想理论教育导刊》2018年第5期。

重要。在海洋世纪，世界各主要沿海国家为了抢占海洋竞争制高点相继出台了海洋战略的长期规划。所以，加快建设海洋强国是更好地发展和保障我国的海洋利益、解决海洋争端的必然要求。[①] 2013年7月30日，习近平总书记主持中共中央政治局第八次集体学习并讲话，专门强调，"建设海洋强国是中国特色社会主义事业的重要组成部分"[②]。可见，新时代加快建设海洋强国在中国国家现代化建设中的紧迫性。我们应充分认识到，21世纪的海洋战略意义，海洋战略地位的日益突出，以及建设海洋强国的重要性，西部陆海新通道建设高水平发展已经刻不容缓。

四、陆海统筹理论

陆地和海洋是世界生态系统的两大组成部分，存在着内在的密切关系，相互影响，互为依存，是不可分割的一部分。中国是海洋大国，把陆海统筹首次写入中国国民经济和社会发展的"十二五"规划，将其纳入国家发展战略。这一做法既是区域经济协调发展的迫切需求，也是维护中国国家战略安全和海洋权益的长远需要。陆海统筹理论的核心思想是，在陆海关系愈加密切的背景下，海洋的开发必须依托陆地，而沿陆海地的发展也要依靠海洋的区位优势和资源优势。这是因为：一方面，

[①] 郑义炜：《陆海复合型中国"海洋强国"战略分析》，《东北亚论坛》2018年第2期。

[②] 《习近平在中共中央政治局第八次集体学习时强调 进一步关心海洋 认识海洋经略海洋 推动海洋强国建设不断取得新成就》，《经济日报》，2013年8月1日，第1版。

海洋资源的深度和广度开发，需要有强大的陆域经济作为基础和支撑；另一方面，陆域经济未来发展战略优势的提升和战略空间的拓展，必须依托海洋优势的发挥和开发。二者统筹发展，人类充分利用海洋资源，发展海洋经济，加强陆域经济和海洋经济的联动发展，实现陆海之间的资源互补、产业互动、布局协调、协调发展，使海洋经济更好地与沿海、海岛的优势资源开发，特色经济发展和工业化、城市化结合起来。[1]在不同层面上，陆海统筹功能任务侧重点不同。在国际层面上，陆海统筹的功能任务是，更加注重与全球各国携手合作积极应对全球性公共风险，例如，全球极端气候变化，全球金融危机和全球海洋战略问题，做好全球化背景下的陆海统筹战略，运用政治、经济、外交等综合手段，在国际法的框架内解决与邻国的领土领海争端和其他利益冲突；在国家层面，陆海统筹的功能任务更侧重于统筹全国区域发展，合理规划陆海产业总体布局，因地制宜地制定促进区域海洋经济发展政策；在区域层面，陆海统筹的功能任务更侧重于构建陆地与海洋基础设施和公共服务设施，旨在实现陆海基础设施和公共服务有效对接；在地方层面，陆海统筹的功能任务更侧重于沿海地区立足于自身优势资源，培育具有地域特色的社会经济发展模式，同时依托地方的独特环境条件，进行有针对性的生态环境保护和恢复工作，加强海岸的管理和综合利用，改善海岸地区的资源与生态环境状况，促进地方可持续发展。

---

[1] 蔡安宁等：《基于空间视角的陆海统筹战略思考》，《世界地理研究》2012年第1期。

五、通道建设的制约因素的理论分析

（1）区位条件

由于地域差异的存在，主要经济活动首先在交通便利、地理位置好、政策优惠大、资源丰富的区位产生并发展，区位条件是经济活动空间优化的重要条件。区位条件由四个因素相互影响：一是自然区位条件。自然区位条件包括区域的地理位置和自然资源状况。自然区位优势不构成区位优势的全部，但它是区位优势的基础，通常所说的沿边、沿海、沿江是极好的地理区位条件，但是如果交通不发达，沿海优势就无法延伸至内陆，由于扩展的腹地狭小，空间资源的交互作用就非常有限。自然资源是一定地区人类及其活动赖以存在的物质基础。尽管通过区域劳动分工，可以降低对区域内自然资源的依赖程度，但资源禀赋客观上为经济活动沿交通运输通道集聚提供了基础，促进区域比较优势产业的形成与发展。另一方面，对交通干线的布局首先考虑沿线地区具有优越的自然禀赋并需要开发，对自然资源的开发所形成的产业多是大运量的产业，对运输的依赖性比较强，通道的利用效果好。二是交通区位条件。交通区位条件是一个地区经济发展的直接约束条件，任何一个地区要想获得发展首先必须改善对外交通的条件。区际贸易关系也存在交易成本，其中，运输成本是重要的交易成本之一。可以证明，运输费用的差异不仅可能改变交易结构和比较优势，甚至可以使贸易无法进行。交通不通即市场不通，信息不通，资源不通，商品不通。因此，交通运输条件被列为优化投资环境的基础因素。三是政治区位条件。政治区位条件是指在国家经济战略布局中的区位条件。当一个地区处于国家经济战略中心地位时，会促进社会资源向这一地区的快速聚集，从而极大地改变这一地区的经济基础，促进经济发展。四是经济区位条件。经济区位条件是在中国区域经济一体化发展趋势日趋明显，区域合作日趋重要，核心经济区域寻求经济腹地以建立持久的核心增长能力的背景下，这一地区在区域合作格局中所处的区位条件。

（2）社会经济基础

从对经济发展的影响来说，区域经济基础可从区域供给能力和区域需求能力综合表现区域经济发展水平，而区域经济发展水平往往体现了区域在相互竞争的发展环境中的应对能力。区域的供给能力包括自然资源的利用水平，劳动力的数量与质量，资金数量的多少和获得的难易程度，区域的创新能力，基础设施的完备程度，以及法律、制度、政策等软环境。区域的需求水平则包括区域对商品和服务的需求状况，购买力水平等。较好的社会经济基础，发展的机遇就更大，如果社会经济基础薄弱，其在一定程度上对经济发展就起制约作用，影响区位优势发挥的经济效果。

（3）市场经济发展程度

市场经济的发达程度直接决定着一个区域的流通水平，而流通水平的高低影响客货生成量，主要标志就是商品也即货物交流量的大小。

（4）产业结构的层次性

一般来说，在经济水平高的区域，产业结构层次较高，创造单位产值的货运需求相对较小，货运生成密度和货运强度与各省经济水平呈反比例函数关系。

（5）对外开放水平

对外开放水平和一个地区的外向型经济与进出口贸易发展的程度有关。随着对外开放步伐的进一步加快，增加区域经济发展的活力，进而促进出口加工业和对外贸易的发展，对外运输货物数量的增加，通道经济会明显得到发展。

（6）区域之间的互补性

区域之间的互补性就是相关区域之间存在对某种商品、技术、资金、信息、人员等的供求关系。一般指资源互补性、产业互补性、市场互补性。从供需关系的角度看，辐射地区与接受辐射地区之间的相互作用要有一个前提条件，即它们之间的一方有大量的剩余生产要素可以而且愿意向另一方扩散，而另一方对这些要素又恰恰有需求并有吸引力，这时才能实现增长极与波及地区之间的作用过程，这种关系即互补性。交互作用的双方，增长极一方是矛盾的主要方面，增长极发挥作用的关键在于扩散效应。

（7）地缘政治风险

地缘政治风险有简单和复杂两种定义。简单定义就是：由地缘因素引发的国际政治风险。复杂定义则更清晰地阐明"地缘因素"，即国家或非国家行为体对特定地缘空间的开发、塑造、竞争或控制，造成既有地缘结构与利益结构变化而引发的国际政治风险。其生成机制主要包括大国间的战略竞争、海权与陆权力量的斗争、地理敏感地带引发的博弈、地缘经济竞争等。

（8）技术水平

在全球贸易环境多极化和出口贸易竞争日趋激烈的背景下，物联网、互联网、5G、云计算、边缘计算、大数据、人工智能等新兴技术不断发展，技术水平及其国际竞争力成为一个国家对外贸易持续发展的决定性因素，并对该国的经济发展发挥着至关重要的作用。尤其是对作为国家经济活动、社会活动赖以存在和正常运行的基础条件的交通基础设施建设来说，技术影响根本无法忽略。交通基础设施运行的高效、安全均离不开相关技术的支持。若一国将新兴技术广泛应用于交通基础设施建设，将能推动交通基础设施的数字转型、智能升级，建设便捷顺畅、经济高效的交通体系。西部陆海新通道不仅注重传统基础设施升级和改造，还借助技术、信息、数据的联通来推动与沿线国家的标准对接，降低技术输出的门槛，以更好地促进软联通。此外，随着西部陆海新通道基础设施的实施与推进，会加大对相关领域技术人才需求，促进相关技术人才的培育和跨国流动更加频繁和紧密。

（9）自由贸易协定

自由贸易协定是指两个以上的国家或地区为了开展自由贸易活动，通过废除关税和非关税壁垒等措施，创造经济圈而缔结的协定。通过签订自由贸易协定，相互取消绝大部分货物的关税和非关税壁垒，取消绝大多数服务部门的市场准入限制，开放投资，从而促进商品、服务和资本、技术、人员等生产要素的自由流动，实现优势互补，促进共同发展。通道沿线国家经济发展水平差异巨大，自由贸易协定情况各有不同。中国参与自由贸易协定的伙伴国主要集中在周边国家，如柬埔寨、新加坡等东盟国家，南亚地区与巴基斯坦签订了自由贸易协定，并正与马尔代夫、斯里兰卡等国家进行协定签约谈判和商议，中东地区与欧盟也在商谈，因此研究自由贸易协定对"一带一路"沿线国家贸易畅通产生的作用有重要的现实意义。

第三章

"双循环"新发展格局与西部陆海新通道建设高质量发展

第一节　新发展格局的提出

一、新发展格局的提出背景

改革开放40多年来，中国经济飞速发展，综合国力进入世界前列，积累了雄厚的物质基础，中国已经成为世界上第二大经济体。党的十九届五中全会审议通过了《中共中央关于制定国民经济和社会发展第十四个五年规划和二〇三五年远景目标的建议》（以下简称《建议》），描绘了未来国家发展的宏伟蓝图，开启全面建设社会主义现代化国家的新征程，向第二个百年奋斗目标迈进。中国目前具备构建以国内大循环为主体的现实基础。第一，从全球供应链的角度来看，中国具有最完整、规模最大的工业供应体系，拥有41个工业大类，191个中类，525个小类，成为全世界唯一拥有联合国产业分类中全部工业门类的国家。第二，2019年，中国目前拥有全球最大的中等收入群体，人均GDP达到1万美元。这一庞大的群体形成了超大规模的内需人口基础，也成为促进经济增长巨大的内需潜力。加上近年来中国国内经济基本面总体稳定，主要体现在政府能采取的政策调控工具多，结构调整和转型升级红利不断释放，改革创新驱动活力,新动能增长不断积聚,回旋空间大,中国经济韧劲强,产业链、供应链和消费市场满足具备规模经济、集聚经济要求的条件。加上中国数字经济发展迅猛,进一步实现了消费便利、生产流通的规模经济,提高了畅通产业链、供应链的能力。

从外部环境来看,当今世界正处于百年未有之大变局,以人工智能、新材料技术以及生物技术为技术突破口的第四次工业革命的加速拓展,再加之新冠肺炎疫情冲击下全球化处于转型重构,全球产业链供应链呈现本地化、区域化、分散化的特点,致使各国都会从供应链安全角度进行供应链的调整。同时,疫情的负面影响不仅体现为因全球供应链的中断而使风险不断加大,从而威胁我国供应链安全,还在于疫情使得部分发达经济体加速与华经济脱钩的趋势进一步强化。近年来中国凭借着改革开放初期通过两头在外,出口与投资双驱动的经济增长模式存在弊端,以及面临着因中国进出口贸易依存度过高,面临着国际收支严重失衡和容易受全球宏观政治经济环境变化影响的挑战。

可见,外部环境和中国发展具有的要素禀赋有所变化,市场和资源两头在外的国际大循环动能明显减弱,而中国内需潜力不断释放,国内大循环活力日益强劲,中国发展格局的演变呈现出内循环、外循环占比此消彼长的变化。因此,"双循环"新发展格局的提出,是中国最高决策层适应中国经济发展迈向高质量发展阶段的主动作为,是应对错综复杂的国际环境变化的战略举措,是充分发挥国家纵深广阔的经济优势,释放出规模效应和集聚效应的内在要求。

二、新发展格局的内涵

目前国内对"双循环"新发展格局的内涵解读主要来自政策界、智库媒体和学界。政策界主要指的是以决策者、政府官员为代表的官方解读。2020年11月25日,中国国务院副总理刘鹤在《人民日报》刊发题为《加快构建以国内大循环为主体、国内国际双循环相互促进的新发展格局》的署名文章,强调要充分认识加快构建新发展格局的重大意义,准确把握构建新发展格局的科学内涵,全面落实加快构建新发展格局的决策部署。刘鹤从把握三个重大关系的角度,提出深入理解新发展格局的内涵,即一是从供给和需求的关系看,要坚持深化供给侧结构性改革这条主线;二是从国内大循环与国内国际双循环的关系看,国内循环是基础,两者是统一体,国际市场是国内市场的延伸,国内大循环为国内国际双循环提供坚实基础;三是从深化改革和推动发展的关系看,构建新发展格局必须全面深化改革。①2020年11月16日,国家发展改革委与世界经济论坛政企交流会在成都举行。国家发改委副主任兼国家统计局局长、党组书记宁吉喆在会上提出,双循环新发展格局是中国积极应对国际国内形势变化,与时俱进提升中国经济发展水平,重塑国际竞争合作新优势作出的战略抉择。②

---

① 刘鹤:《加快构建以国内大循环为主体、国内国际双循环相互促进的新发展格局》,载《人民日报》,2020年11月25日,第6版。
② 《国家发展改革委与世界经济论坛政企交流会在蓉举行》,光明网。

智库和媒体对"双循环"新发展格局进行一定的解读。2020年11月1日,《新华社》刊发评论员文章《构建新发展格局 实现高质量发展——学习贯彻党的十九届五中全会精神》提到,面对纷繁复杂的国内外形势,最重要的是固本培元、练好内功,加快形成以国内大循环为主体、国内国际双循环相互促进的新发展格局。通过发挥内需潜力、强化国内经济大循环,使国内市场和国际市场更好联通,更好利用国际国内两个市场、两种资源,推动经济发展质量变革、效率变革、动力变革。2020年11月4日,《经济日报》刊发评论员文章《坚持扩大内需形成强大国内市场》提出,全面准确领会蕴含形成强大国内市场,构建新发展格局的深刻含义,对贯彻落实好党中央的战略部署意义重大。一方面,坚持扩大内需,既是当前应对疫情冲击的需要,也是保持我国经济长期持续健康发展的需要,更有利于满足人民日益增长的美好生活需要。另一方面,充分利用大国经济特点,形成强大国内市场,构建以国内大循环为主体、国内国际双循环相互促进的新发展格局,也是塑造我国国际经济合作和竞争新优势的战略抉择。第十三届全国政协委员、国务院发展研究中心原副主任王一鸣在刊发题为《"双循环"新格局下的经济发展》的文章中提出,推动形成"双循环"新发展格局,出发点在于"畅通国内大循环",落脚点在于"国内国际双循环相互促进",目标是打造未来发展新优势,实现更加强劲可持续的发展。第一,把扩大内需作为战略基点,释放国内需求潜力;第二,推动高强度科技创新,加快提升自主创新能力;第三,发挥产业体系完备优势,提高产业链稳定性和竞争力;第四,深化供给侧结构性改革,提高国内经济大循环效率;第五,推进更高水平对外开放，重塑国际合作和竞争新优势。摩根士丹利中国首席经济学家邢自强称，国内大循环的真谛是"开放"。通过释放国内经济和消费潜力，结合保护知识产权、改善营商环境、减少准入限制，吸引跨国企业把产业链、工厂、店面继续留在中国，分享中国消费市场的蛋糕。①2020年11月23日，国际货币基金组织（IMF）亚太部助理主任、中国事务主管黑尔格·贝格尔接受新华社记者采访时表示，中国政府积极应对疫情冲击，采取推动经济改革和扩大开放，包括进一步开放金融部门、完善资本市场发展、推进户籍制度改革、加强知识产权保护等一系列举措，有利于提升中国经济韧性和生产率，有助于构建以国内大循环为主体、国内国际双循环相互促进的新发展格局。②

境外主流媒体对"双循环"发展格局给予足够的关注。2020年9月8日，美国《纽约时报》中文版刊发题为《习近平提"双循环"战略：经济重心向内转》提出，"双循环"战略指的是中国应该把内需和创新作为推动经济发展的主要动力，建立经济的国内大循环，同时保持外国市场和投资者作为经济增长的第二引擎。2020年10月29日，宏观经济学家勒谢尔教授接受《德国之声》采访称，中国拉动内需，刺激国内市场的做法是合理的，但这并不意味着中国要和世界脱钩。"中国仍然依赖于世界经济，不管是在科学技术专利方面，还是在出口市场方面"，

---

① 王一鸣：《"双循环"新格局下的经济发展》，《中国金融》2020年第17期。

② 《专访：数字经济和绿色投资助力中国经济更平衡复苏——访IMF亚太部助理主任贝格尔》，新华网。

他强调,"双循环"概念的提出和对"国内循环"的重视,与中国积极参与全球化,在全球产业链中保持自己的存在并不存在矛盾冲突。

关于"双循环"新发展格局议题正成为国内学界热议的话题。中国人民大学校长、中国人民大学习近平新时代中国特色社会主义思想研究院理事长刘伟提出,构建新发展格局需要坚持五大基本原则,即一是构建供求不断趋向均衡的国民经济循环。二是构建以科技创新为动能推动的国民经济循环。三是构建以供给侧结构性改革为战略方向的国民经济循环。四是构建以扩大内需为战略基点的国民经济循环。五是构建开放的国内国际双循环。新发展格局不是封闭的国内循环。[1]北京大学国家发展研究院教授余淼杰提出,中国发展"双循环"具有四点比较优势。一是拥有规模巨大的国内市场。中国有14亿的人口,有4亿以上的中等收入群体,一个国内大市场正在形成,这是未来中国经济的一个重要竞争优势。二是拥有全产业链。中国的产业布局具有非常明显的工业集聚特征;中国有41个大类、666个小类的工业分类。在世界500多种主要工业产品当中,有220多种工业产品中国的产量占居全球第一。我国已经成为全世界唯一拥有联合国产业分类中所列全部工业门类的国家。三是产业集聚可以给产业发展带来多种优势,比如:降低固定成本,实现产业规模经济递增的态势,从而提升企业的利润,提升企业的竞争力。四是从物流和生产供给两个维度来看,中国交易成本相对较低,中国的用工成本相对比较低廉,国内是750美元

---

[1] 刘伟:《以新发展格局重塑我国经济新优势》,经济日报官网。

一个月，折合四五千元人民币，几乎为欧美国家的1/5，但是生产绩效其实已经达到他们的1/2以上。换言之，欧美生产一双鞋用一个小时，中国生产一双鞋用两个小时，但成本只有他们的1/5，也就意味着中国的产品更有竞争力。①

中国人民大学经济学教授贾根良是国内较早开展"双循环"发展格局理论研究的学者。他总结历史上发达国家的发展经验，从世界经济的发展规律出发，提出实行不对称全球化战略，从国内大循环为主的新格局出发，将国际循环置于更高的战略地位，提出国内国际双循环的新思路。贾教授向大家介绍了英美等发达国家崛起过程中的保护主义战略，以进化生物学中的"异地物种形成原理"为依据，以"农村包围城市"的中国革命道路为借鉴，提出要深入思考中国未来的全球化战略，对发达国家和发展中国家实施差异化对外开放策略。②中国社科院经济研究所所长黄群慧认为，中央谋划的新发展格局，是中华民族伟大复兴战略全局和世界百年未有之大变局"两个大局"不断演化的反映，是中国经济"育新机、开新局"并赢得国际竞争新优势的主动战略选择。③

三、新发展格局的主要特征及运行逻辑

自2020年5月以来，以习近平同志为核心的党中央多次强

---

① 《余淼杰解读中国发展"双循环"的四个比较优势》，新华社官网。
② 贾根良：《国内大循环》，北京：中国人民大学出版社，2020年版。
③ 《中国谋划新发展格局有何深意》，新华社每日电讯。

调，加快形成以国内大循环为主体、国内国际双循环相互促进的新发展格局。2020年5月14日，中共中央总书记习近平主持召开中共中央政治局常务委员会，首次提出"要深化供给侧结构性改革，充分发挥我国超大规模市场优势和内需潜力，构建国内国际双循环相互促进的新发展格局"。2020年7月30日召开的中共中央政治局会议正式提出"当前经济形势仍然复杂严峻，不稳定性不确定性较大，我们遇到的很多问题是中长期的，必须从持久战的角度加以认识，加快形成以国内大循环为主体、国内国际双循环相互促进的新发展格局"。2020年8月24日，习近平在以"畅通国民经济循环为主构建新发展格局"为题的经济社会领域专家座谈会上讲话时指出：要推动形成以国内大循环为主体，国内国际双循环相互促进的新发展格局。这个新发展格局是根据我国发展阶段、环境、变化提出来的，是重塑我国国际合作和竞争新优势的战略抉择。2020年10月26日至29日在北京召开的党的十九届五中全会审议通过了《中共中央关于制定国民经济和社会发展第十四个五年规划和二〇三五年远景目标的建议》（以下简称《建议》）提出，要加快构建以"国内大循环为主体、国内国际双循环相互促进"的新发展格局。

构建双循环新发展格局的运行，主要分为两大部分：一是在国内循环方面，中国要建设一个系统的，完整的内在内需体系，从各个节点进行创新，大力发展数字经济，协调供需矛盾，维持供需平衡，改善分配格局，降低个人税负，探寻新的经济增长点，构建一个高标准的市场体系。二是在国际循环方面，中国需要构建一个国际化的产业链，依托"一带一路"创建一个合作创新的网络，推动关税水平稳步下降，以积极开放的姿态参与国际经贸规则的谈判与制定，进一步打开国门，推动改革开放向着更高、更深、更广的方向发展。

新发展格局具有如下主要特征：一是内需主导，以满足人民美好生活需要为根本出发点。新发展格局最重要特征是把发展的基点和初始动力放在国内，把满足国内需要，改善人民生活质量，不断增强人民群众的获得感、幸福感、安全感作为发展的出发点和落脚点，充分发挥内需潜力，打造强大的国内市场。[①]过去几十年里，国际市场发挥了非常重要的作用，但随着新形势的变化，中国逐步把重心放在国内市场，利用内需优势，建立独立的国内经济循环体系。在推动经济发展方面，中国国内市场有两大优势：一是市场规模巨大，拥有一个14亿人口的巨大消费市场；二是工业体系的规模最大、最完整。目前，14亿消费者产生的巨大消费需求成为中国经济发展的强大引擎。虽然疫情对中国经济产生一定的挑战，但也催生了许多新的消费模式，比如直播电商、直播带货等，并由此产生了许多新的业态，对国家经济的发展起到积极的促进作用。

二是积极参与国际经济大循环。经济全球化深入发展，使得各国均处于世界生产网络体系中，自给自足的时代已经结束，任何一个国家都难以依靠自身的资源生产出完全满足本国居民需求的所有产品。在各种生产要素全球大流通的时代，产业链、供应链在全球市场配置是一个自然选择的过程，是顺应经济全球化发展规模的必然结果。中国经济取得瞩目成就，自然离不

---

① 盛朝迅：《新发展格局下推动产业链供应链安全稳定发展的思路与策略》，《改革》，2021年1月15日。

开中国把握经济全球化的历史性机遇获得的巨大红利。未来，中国经济要实现高质量发展，依然离不开开放的环境与市场。在此背景下，中国经济发展必须立足于国内大循环，实现国内国际双循环相互促进。

第三，联通国际，以国内国际双循环相互促进。既不能因为重视国际循环而抑制国内循环，也不能因为追求国内循环而忽视国际循环。要统筹好二者的关系。根据本地市场效应理论，在一个存在报酬递增和贸易成本的世界中，那些拥有相对较大国内市场需求的国家将成为净出口国。这就表示，如果一个国家国内市场需求较大，可以形成国内大循环，而且在国内大循环的支持下，国内企业可以参与国际经济大循环，那么国内经济循环就可以与国际经济循环形成功能互补，国内市场需求较小的国家就很难做到这一点。英国、美国、日本等世界主要经济强国的发展经验带来的启示，首先培育国内市场，然后在立足于国内市场的基础上，向国际市场扩张，这是典型的"先内后外、内外并举"的发展道路。[1]因此，中国应意识到，拥有强大的国内市场，并对全球市场有重要影响；要拥有强大的国内生产能力，并对国际生产有较强的引领和带动能力。但同时，要进一步提升对外开放水平，就需要利用国内需求吸引国际要素，摒弃原有的经济发展模式。[2]

---

[1] 袁国宝：《双循环：构建以国内大循环为主体、国内国际双循环相互促进的新发展格局》，北京：中国经济出版社，2021年版。
[2] 王昌林：《新发展格局：国内大循环为主体，国内国际双循环相互促进》，北京：中国中信出版社，2021年版。

第四，以维护产业链供应链安全可控为主要目的。根据传统的国际贸易理论，如果土地、人工等生产要素成本不断上涨，为了降低生产成本，可以将附加值比较低的制造业转移出去。但是，对于中国来说，应该考虑到产业链供应链安全，因为拥有世界上规模最大、最完整的工业体系，产业链丰富是中国的优势。因此，中国必须意识到，一方面，积极鼓励企业走出去的同时，也要维护这种优势。另一方面，应努力提升产业基础能力和产业链现代化水平，加快关键核心技术攻关，加强自主创新、补齐产业链短板。东部沿海地区的生产要素成本很高，可以将一些低端产业向中西部转移，切实维护中国产业链供应链安全。

第二节　西部陆海新通道建设高质量发展在构建国内大循环中的角色

以国内大循环为主,说明扩大内需成为战略基点,内需是中国未来经济发展的基本动力;强调以国内经济循环为主不意味着关门封闭,而是通过发挥内需潜力,使内市场和国际市场更好地联通、促进。从需求层面来看,中国拥有超大的市场规模,是全球最有潜力的消费市场。因为中国有1亿多户市场主体和1.7亿多受过高等教育或拥有各类专业技能的人才,还有包括4亿多中等收入群体在内的14亿人口所形成的超大规模内需市场。充分发挥超大规模市场优势,成为促进国内大循环的引力。畅通国内大循环,必须打通生产、分配、流通、消费各个环节的堵点和梗阻,激发循环动力、巩固循环基础、提高循环效率、引领循环发展,最终实现供给与需求升级协调共进的高效循环。在生产环节,创新驱动产业链升级,激发循环动力。在分配环节,优化收入分配结构,强化循环基础。在流通环节,构建现代流通体系,提高循环效率。在消费环节,以供给侧扩内需,引领循环发展。在此背景下,西部陆海新通道建设高质量发展将发挥重要作用。

深化推动供给侧改革促进国内大循环。改革开放以来,中国经济持续高速增长，成功步入中等收入国家行列，已成为名副其实的经济大国。但随着人口红利衰减、"中等收入陷阱"风险累积、国际经济格局深刻调整等一系列内因与外因的作用，经济发展进入"新常态"。随着经济发展进入新常态，经济失衡出现了成本推动型通胀和需求疲软带来的下行压力双重风险并存的新特点，继续采取以往以需求总量管理为主线的调控面临严重的局限性，既不能全面扩张又难以全面紧缩，因此，以供给侧结构性改革为主线，便成为客观的要求。顺应这种历史要求，党的十八大之后，为贯彻新发展理念、推动发展方式根本转变、实现高质量发展，中央提出以深化供给侧结构性改革为主线。党的十九大报告提出，深化供给侧结构性改革作为建设现代化经济体系的首要任务，凸显了供给侧结构性改革的重要地位。党的十九届五中全会强调，构建新发展格局，把实施扩大内需战略同深化供给侧结构性改革有机结合起来。陆海新通道建设高质量发展也是以推进供给侧结构性改革为主线。需要以供给侧结构性改革降物流成本政策主基调，顺应现代化产业组织网络化与智能化趋势，和供应链、产业链、价值链"三链融合"特征，强化物流供给侧的网络构建、服务融合、业态创新等方面的任务设计，强调营造具有模式先进性、服务融合性、运行高效性的物流服务环境，为经济转型提升发展提供物流服务保障和运行模式创新引领。西部陆海新通道高质量发展在持续推动深化供给侧结构性改革，实质上应该解决好"堵点""难点""痛点"，消除障碍，打通关节，进一步打通西部地区经济运行的"血脉"，推动西部地区资源、技术、人才等要素实现自由流动，这对促进国内大循环至关重要。

加强改革创新，深化科技和体制创新促进国内大循环。创新是引领高质量发展的第一动力。加强科技创新，用创新转变发展模式，优化经济结构，转变增长动力，依靠创新驱动发展是中国进一步深化改革的需要，也是促进国内大循环的根本。西部陆海新通道建设高质量发展，就是成为推动西部地区高水平开放、高质量发展的重要支撑，通过加强改革创新，深化科技和体制创新，可以破除国内大循环的技术短板和体制机制的弊端，提升供给质量。西部陆海新通道建设高质量发展，以服务强大国内市场建设为导向，以制度创新促进科技创新，科技创新驱动通道经济发展，打造产、学、研合作创新平台，实现通道经济和枢纽经济融合，交通、物流、商贸、产业深度融合，这样就能在参与国内大循环中发挥重要的作用。

打造高效的跨境供应链和物流服务体系促进国内大循环。疫情带给跨境进口电商与物流的负面影响，包括供应链无法复工；物流受影响，订单无法正常履约；国际物流成本上升；资金链受到影响，成本上升；员工无法复工，运营成本上升，工作效率低，影响日常事务的正常运转。西部陆海新通道建设高质量发展，通过整合金融机构、物流服务商、报关行等资源，为通道上的物流、贸易、制造企业提供外贸综合服务、信用保障、国际物流、支付结算和供应链金融等一站式服务。提升外贸综合服务水准，通过"互联网+大数据"建设，简化企业外贸出口流程、降低企业外贸交易成本，帮助企业获取更多商机、信用累计和融资贷款机会；利用云端和人工智能等技术，打造服务外贸企业、报关行、货代的一站式智能报关平台，为报关企业及货代减差错、降成本、提时效，也给通道上的外贸企业提供出口履约确定性的报关服务等。

  以加强协同发展促进国内大循环。2019年6月3日召开的"一带一路"陆海联动发展论坛通过《"一带一路"陆海联动发展论坛重庆倡议》(以下简称《重庆倡议》)。《重庆倡议》指出,各方应发挥陆海交通比较优势,推动陆地经济与海洋经济协同并进,加快地区国家融入全球产业链、供应链、价值链,逐步构建全球互联互通伙伴关系。在构建完整的内需体系时,西部陆海新通道首先在运输通道、物流设施建设和通道运行和物流效率等方面做好"内功";其次,就是要加强协同发展能力,构建多维度、多层次、跨区域的协同机制,主要包括以下几个方面的协同:一是围绕通道自身建设的协同,既包括各部门、产业之间的协同,政府、市场和社会组织之间的协同,平台的共建,制度的对接,又包括通道核心枢纽城市和节点枢纽城市,通道城市群的互动协同等;二是加强与长江经济带区域发展战略统筹协同,实现与粤港澳大湾区、海南自由贸易港的对接,加强西部内陆地区开放与东部沿海地区开放的互动,发挥陆海联动带动区域协同联动和动能传导的桥梁作用;三是加强通道沿线西部省份自由贸易试验区的协同,深化通道沿线省际部门协作,促进体制机制联通,进一步激发改革潜能,拓展对外开放空间。通道沿线部分西部省区市自贸试验区可以考虑率先对接,有助于加快形成高效的国内大循环体系。

第三节 西部陆海新通道建设高质量发展在构建国际大循环中的角色

国际大循环经济发展战略构想最早始于国家计委经济研究所副研究员王建于1987年在新华社的内部刊物《动态清样》发表的文章《走国际大循环经济发展战略的可能性及其要求》。该战略构想旨在通过大力引进外资和发展劳动密集型产品出口，把农村劳动力转移纳入国际大循环，一方面解决农村剩余劳动力的出路；另一方面在国际市场上换取外汇，从而获得重工业发展所需要的资金和技术，以便通过国际市场的转换机制，沟通农业与重工业之间的循环关系。这一战略构想的主要内容：一是充分利用我国人力资源丰富的优势，在沿海地区大力发展劳动密集型产业，大搞来料加工和进料加工；二是沿海加工业坚持两头在外、大进大出，就是把生产经营的两头（原材料和销售市场）放到国际市场上去，以解决沿海与内地在这两个方面的矛盾；三是积极引进外资，重点是吸引外商投资，大力发展三资企业；四是大循环主张劳动密集型产业→重工业→农业的发展顺序。

这一战略构想契合了冷战结束后国际产业体系发生的深刻变革：由信息革命所催生的模块化生产在几乎所有产业（包括

许多服务业甚至农业）都导致了国际分工的关键性变化：生产和服务功能在地理上的分散推动了产业价值链分工的新发展，从而催生了跨国公司全球产业价值链的迅速扩张。在此背景下，中国以追求廉价的劳动力、土地和基础设施等生产要素，承接了全球性产业转移，加上中国入世成功为其制造业打开了广阔的海外市场，出口快速增长叠加欧美制造业资本加速流入中国，外资的溢出效应和产业聚集效应大大提升了中国制造业的效率，由此中国成为全球制造业基地和世界工厂。中国也深深地卷入跨国公司的国际生产体系之中：贸易依存度曾高达70%，在出口总构成中，加工贸易出口所占比重高达50%，外商投资企业出口所占比重高达60%。可以看到，"国际经济大循环"战略在中国确立"出口导向"的外向型经济战略，从重工业优先的赶超发展战略，向充分发挥比较优势的发展战略转型中起到重要作用。确立外向型经济的目标，使得对外贸易获得前所未有的发展，并对中国经济增长产生巨大推动作用。

鉴于中国在经济全球化中发挥的作用以及在全球分工体系中的角色日益重要，强调国内大循环为主体，不能忽略国际循环的重要性。国内循环是基础，国内循环与国际循环是相辅相成的，不可分割的。国际市场是国内市场的延伸，国内大循环为国际循环提供坚实基础。畅通国内大循环和实施更大范围、更宽领域、更深层次对外开放，本质上是一致的。就国际循环而言，陆海新通道建设高质量发展可以产生如下作用：

以打开西部地区全面开放合作新空间的重要引擎促进国际循环。近年来，单边主义、贸易保护主义和逆全球化思潮涌现，与经济全球化浪潮逆向而行，给全球经济复苏蒙上阴影。新冠

第三章　"双循环"新发展格局与西部陆海新通道建设高质量发展

肺炎疫情全球蔓延对百年未有之大变局加速冲击，中国坚定战略自信和战略定力，秉持人类命运共同体理念，坚定、积极、稳妥推进全球化，事实上发挥着推动贸易自由化和经济全球化的旗手作用，继续发挥着世界经济发展的稳定器，以及拉动全球经济复苏的"领头雁"作用。习近平总书记反复强调，"中国开放的大门不会关闭，只会越开越大"。过去40多年，中国经济发展是在开放条件下取得的，未来中国经济实现高质量发展也必须在更加开放的条件下进行。中国要进一步发展壮大，就必须主动顺应经济全球化潮流，坚持对外开放的基本国策。为此，应以高水平对外开放打造国际合作和竞争新优势。

西部陆海新通道建设高质量发展将是新时代打开西部地区全面开放合作新空间的重要引擎和载体，也是推动国内国际双循环的新阵地，因此应坚定地成为贯彻党中央对外开放理念的生力军，深化陆海双向开放，促进国内市场和国际市场深度融合。一是助力西部内陆地区加快融入全球供应链，推进西部内陆地区与东南亚、欧洲、中亚以及南亚务实合作，以及联通"一带一路"各大经济走廊的纵深发展，让西部地区更快融入全球供应链，增进与通道沿线各地区的互联互通水平，借此提升中国在全球经济和贸易中的向心力，进而提升其在国际经贸规则体系中的话语权；二是对标国际先进规则，在贸易监管，多式联运"一单制"，边境口岸出入境卫生检疫监管制度等重点领域，深入研究破除改革的重点和难点，加快与通道沿线国家的规范的协调，加强国际运输规则衔接，推动与通道沿线更多地区国际货物"一站式"运输，为打开西部地区全面开放新空间奠定更扎实的制度保障；三是重点突出与"一带一路"东南亚沿线国家战略联动,通过与这些国家搭建经贸合作、物流运输、市场要素配置的新平台,推进与这些国家在贸易、技术和文化等方面的互联互通;四是借鉴国际先进经验,大力推进西部地区相关省区市自由贸易试验区投资和贸易的自由化,尤其是提升投资、贸易、资金、劳动力、物流运输五个方面自由水平,探索西部地区相关省区市的自由贸易试验区与西部陆海新通道有机结合,有助于构建更加均衡和多元化的国际循环体系。

以管理模式改革创新促进国际大循环。这里的管理模式,指的是通道运输管理机制、运营组织模式、利益协调机制等,通过创新运用跨区域平台管理模式统筹陆海新通道建设高质量发展。一是探索通道管理体制的改革创新。在物流一体化发展、外贸经济优化升级等领域进行管理体制机制改革,例如,在推动陆海新通道物流一体化发展寻求突破上,可以通过对陆海新通道交通系统管理机制改革,探索建立适应陆海新通道高质量发展物流标准管理机制,健全西部陆海新通道物流市场准入体系,寻求物流一体化合力突破。在促进外贸经济优化升级方面,通过制定法律法规规范通道建设秩序,并且消除通道沿线省区市管理体制产生的准入障碍,积极培育涉外企业对外竞争力,为企业提升产品质量和服务,提高产品附加值和在东盟乃至全球价值链分工中的地位。二是探索通道运营组织模式改革。重庆通过成立共建陆海新通道跨区域综合运营平台陆海新通道运营有限公司,致力于构建"以线串点、点线带面"陆海融通全球的综合服务平台,参与协调推动西部陆海新通道建设国际合作、省际合作、区域合作等有关事项,未来通过整合优势资源,打造网络体系发达、管理运行成熟、服务快捷顺畅、科学可持续发展的陆海新通道多式联运服务体系。三是探索跨区域协调机制改革创新先行。站在国际合作的角度，西部陆海新通道建设是中国西部地区与东盟、中亚、南亚等一项重要的跨区域合作探索先行的尝试，地区性或跨区域性的协调机制是重要示范领域。从通道建设自身的角度来看，西部陆海新通道是一个典型的由点到线，再到面及体的跨区域战略，无论是推进跨境物流一体化、贸易监管，还是国际运输规则衔接，都会涉及到不同层级的行政主体（例如沿线通道相关省区市，通道沿途国家），均需要加强相互间协同配合，因此建立跨国家、跨区域的涉及不同行政主体的利益协调机制，是陆海新通道建设高质量发展的主要目标之一。同时，通过陆海新通道利益协调机制的建立作为地区经济治理或全球经济治理的先行先试，可以尽可能地实现对国际高标准规则的压力测算和适应，探索建立能够与国际规则相兼容，适应经济全球化重大转型的开放型竞争型管理模式，在国际大循环中加快形成更高水平的对外开放格局。

以优化营商环境促进国际大循环。党的十九届五中全会提出，要实行高水平对外开放，开拓合作共赢新局面。推动西部陆海新通道建设高质量发展，正是实现上述目标的重要战略举措，西部陆海新通道高质量建设发展就是要对标国际先进水平，在对外商事、吸引投资、贸易合作、贸易监管、通道运行管理制度等重点领域实施更大力度的改革开放，为新发展格局营造良好营商环境。尤其是要推动在通道建设的规则、规制、管理、标准等重点领域的制度型开放水平。营商环境是中国继续对外开放、吸引外资、吸引各种经济要素的重要软实力。近年来，中国采取多项措施，一直致力于营商环境的改善，朝着建设"公平、高效、开放"的营商环境目标努力。主要体现在：一是中央政府对营商环境改革的高度重视，形成了强大的领导力，由此产生了巨大的改革动力。二是鼓励地方政府因地制宜，结合本地实际情况开展营商环境改革和先行制定政策，成功后再大规模推广。开展地方试点，通过政策研究调整，有助于促进成功。三是在中央和地方层面都建立了强有力的问责机制和健全的多利益相关方协调机制，确保营商环境改革议程的有效实施。四是加强了私营部门的参与和沟通，确保营商环境的改善，有效地解决企业家的关切，消除阻碍企业运营的主要障碍。五是大数据、区块链和云计算技术在电子政务服务中的广泛应用。可以看出，中国在优化营商环境的制度安排方面进行了探索和创新，旨在解决长期以来困扰"放管服"领域的突出问题与关键难题。西部陆海新通道高质量发展，短期内继续推进解决陆海新通道营商环境中的"提效、降费"方面存在的突出问题、堵点难点、短板效应、瓶颈制约，加快建立新通道大通关公共信息平台，深化通道国际贸易单一窗口建设，推进单一窗口功能覆盖国际贸易管理全链条，为市场主体提供全程的一站式通关物流信息服务，实现物流数据的深度互联，实现口岸管理部门信息互换、监管互认、执法互动。中长期内，以自贸试验区制度创新为依托，通过深化市场监管体制改革，建设竞争中性的原则，确定市场监管规则，对内外资企业一视同仁，有效促进各种不同所有制的市场主体共同成长。同时，在完善高质量的市场准入清单机制方面进行改革创新先行，推动服务业更高水平的开放，推动新通道经济转型升级和高水平发展。

第四节　西部陆海新通道建设高质量发展是促进双循环的重要载体

国内循环的水平提高越快，就越会提升对全球市场的吸引力，越能在经济全球化遭遇逆流的大背景下，充分发挥出中国在推动经济全球化的主导作用，使中国的市场能成为全球经济和跨国企业关注的焦点。国内循环发展程度越高，就越能促进国内市场在全球市场竞争的能力，在全球市场提供更优质高效的产品和服务，为促进国际大循环提供新的热源和动力。国际循环虽然遭遇暂时的挫折，但是经济全球化趋势不会发生根本性改变。因此，可以积极推动企业走出去，鼓励市场主体以更高质量、更高标准、更高效率参与国际循环，主动融入全球价值链和经济全球化，从而塑造新优势增强对外竞争力。总之，国内循环是国内国际双循环的基础，国内循环和国际循环是辩证统一的，必须统筹兼顾，联动发展，才能相得益彰。

西部陆海新通道建设高质量发展，就是要以新发展理念、新激励机制凝聚合力以及质量效益型发展方式，依托新通道，促进通道沿线相关省区市转向制度型开放，促进国内规则对接国际高标准市场规则体系，更好地统筹国内市场和国际市场两种资源，成为促进"双循环"的重要载体。

充当推动中国西部地区内引外联、东西互济的桥梁纽带。与东部地区相比，西部地区经济发展水平相对落后，为支持西部地区经济开放开发，实现中国区域协调发展，2000年，中国政府提出西部大开发战略，其基本思路是：把东部沿海地区的剩余经济发展能力，用以提高西部地区的经济和社会发展水平。为此，中国政府实施一系列包括财政转移支付、基础设施投入、税收优惠、信贷优惠与环境保护等在内的系列政策支持西部地区的发展。经过20年发展，西部经济社会发展实现了翻天覆地的变化。西部地区经济总量得到长足提升，尤其是党的十八大以来，西部地区生产总值从12.7万亿元增加到2019年的20.5万亿元，占全国比重1/4强，主要经济指标高于全国平均水平。[1]然而，西部地区经济发展取得瞩目成就更多是在实施西部大开发战略大背景下充分享受到政策红利，今后依靠这一发展模式继续引导西部开放开发建设的可能性和边际效应大幅降低。因此，中国西部地区需要转变发展理念和发展模式，结合自身比较优势，依托西部陆海新通道，内引外联，东西互济。

2020年5月17日，中共中央和国务院印发了《关于新时代推进西部大开发形成新格局的指导意见》，提出贯彻新发展理念，形成大保护、大开放、高质量发展的新格局，要求以共建"一带一路"为引领，加大西部开放力度，这一意见强调了西部大开发是促进陆海内外联动和东西双向互济的大开放。新时代推进西部大开发形成新格局就是要把加大西部开放力度置于突出

---

[1] 《全方位聚焦促进西部地区高质量发展 强化举措推进西部大开发形成新格局》，中国发展网。

位置，使西部地区进一步融入共建"一带一路"建设和国家重大区域战略，加快形成全国统一大市场，并发展更高层次的外向型经济。事实上，明确了西部地区以开放促发展的指导思路。目前，中国西部地区与东盟国家的贸易潜力不断释放，中国西部与东盟国家的经贸依存度不断加强，贸易增速平稳，贸易总量和种类不断增长。重庆、四川、云南和广西四省区市在中国西部地区与东盟国家的进出口贸易量排名前四位。目前，东盟是四川省的第二大贸易伙伴，2019年四川对东盟进出口1342.6亿元，同比增长19.7%。2020年前三季度，四川与东盟进出口贸易额为1166.3亿元，同比增长23.6%。主要货物方面，四川对东盟国主要出口商品为集成电路、笔记本电脑和平板电脑。同期，向东盟国家主要进口商品为集成电路、半导体制造设备、计量检测分析自控仪器及器具。[1]2019年，广西对东盟进出口2334.7亿元，同比增长13.3%，占同期广西外贸总值的49.7%，东盟连续20年成为广西最大贸易伙伴。[2]重庆和云南的同期进出口贸易额分别达1086.7亿元和1143亿元。西部陆海新通道高质量发展，将极大地促进中国西部地区与东盟的合作，并因此成为影响亚洲地理格局的重要因素。

西部陆海新通道建设高质量发展，有助于加快形成一个包容性增长的新型合作发展平台，积极推进中国西部地区与东盟及其他国家区域联动和国际合作，还可以有效助推西部地区加快形成多元化、多层次、全方位的高水平开放型经济。依托西

---

[1] 《前三季度四川外贸进出口增速位居全国第一》，四川新闻网。
[2] 《2019年广西外贸再创历史新高》，人民网。

部陆海新通道，内引外联、东西互济，主要体现在：一是各省区市依托陆海新通道，加快打造成对外开放的新高地，采取优化外商投资环境、创新招商引资方式、推进开放平台建设等一系列措施。2020年1月1日起，《外商投资法》生效，无疑将更有利于进一步地对外开放、吸引外商投资进入。当前，中国政府充分认识到以数字基础设施为代表的"新基建"对于扩大有效需求，应对风险挑战，推动高质量发展具有重要意义。为此，已经部署加快新基建建设，积极扩大有效投资。西部陆海新通道高质量发展，应认识到新基建赋能西部陆海新通道高质量发展重大机遇，扩大吸引外资范围，引导资金流向通道沿线省区市，重点建设高端制造业，智能生产体系，5G网络，人工智能，以及数字贸易、工业设计等新兴服务产业。引入高质量的外资，有助于提升新通道沿线省区市有效配置资源能力，有助于夯实西部地区关键技术支撑，延链、强链和补链，为构建更加畅通内循环奠定坚实基础。二是通过将西部地区的成渝地区双城经济圈、西陇海兰新线经济带以及北部湾经济区联通，在此基础上发挥成渝地区双城经济圈的示范引领作用，由此带动通道沿线相关经济带的发展。成渝地区双城经济圈是西部内陆地区资源禀赋条件最优、人口最密集、经济发展最活跃、开放创新程度最高的区域。多种比较优势叠加，足以激发成渝地区双城经济圈的活力和韧性建设，打造成西部高质量发展的重要增长极。通过成渝两地经济的"溢出效应""磁场效应""洼地效应""灯塔效应"等，有效整合两地共有产业资源优势，深化产业链合作，形成良好的产业分工格局。在此基础上，带动新的城市群发展，并通过城市发展轴带相互对接，实现通道沿线城市群的齐头并进。西部陆海新通道高质量发展，可以在通道沿线涌现新的地区经济中心。例如，西部陆海新通道高质量发展，加快推动泛北部湾经济区升级成为中国—东盟互联互通枢纽区和"一带一路"陆海统筹核心区。可以深度衔接以陕西、新疆等地区为核心的亚欧大陆桥经济带。通过中央、地方政府共同搭台推动，加速形成围绕通道沿线的门户经济、枢纽经济、临港经济和沿线经济走廊，发挥集聚效应和辐射效应吸引产业围绕通道沿线聚集并促进产业结构优化，形成覆盖西部区域和经济发展潜能巨大的亚洲新兴城市群经济圈。三是依托陆海新通道高质量发展，加快西部地区企业"走出去"的步伐，加快促进西部地区深度融入全球价值链。外向型经济包括了"引进来"和"走出去"共同发展。事实上，近年来随着中国西部地区积极承接中国东部沿海地区的产业转移，取得了明显成效，在资金、技术、管理和市场方面积累了一定的条件，西部地区"走出去"的时机已经成熟。尤其是西部省份主动融入"一带一路"建设，赋予中国西部地区加强与沿线国家和新兴市场贸易往来的机遇。为此，鼓励西部企业"走出去"，可以进一步拓展中国企业对外竞争力，构建中国对外贸易合作新亮点，提升中国企业整体竞争力。西部陆海新通道高质量发展，打造多式联运的互联互通，多区域协调发展，多城市分工合作的国际化新通道，叠加政策优势，努力充当西部企业"走出去"的助推器。四是加快推动形成高质量的区域战略互动格局。党的十八大以来，党中央把促进区域协调发展摆在更加重要的位置，统筹实施西部大开发、东北振兴、中部崛起和东部率先发展"四大板块"，提出并实施了"一带一路"建设、京津冀协同发展、长江经济带发展、粤港澳大湾区建设、长三角一体化发展、黄河流域生态保护和高质量发展等诸多重大战略。随着这些国家战略的不断实施推进，中国的区域战略发展方向趋于全局性和整体性。目前中国区域发展取得积极成效，呈现出增长较快、结构优化、协调性增强的良好态势。主要体现在：东部地区产业转型优化步伐加快，新兴产业对经济的拉动效应凸显，高技术产业占比明显提升；中西部地区经济趋于活跃，成都、武汉等地正成为新的增长极；东北地区经济整体趋稳，结构调整迈出积极步伐。东部、中部、西部、东北地区经济发展的相对差距逐步缩小。2013年以来，中西部地区年平均发展速度领先于东部地区，形成了区域经济发展良性互动的格局。另一方面，以京津冀、粤港澳大湾区、长三角三大城市群作为重要动力源的引领作用不断发挥，城市群和中心城市集聚效应，脱贫攻坚取得实质性进展，国家生态格局基本构建，多层次、全方位的区域协调战略，不断完善的区域政策体系，正深刻重塑中国区域发展格局。加快形成推动"双循环"新发展格局，就需要完善区域政策体系，发挥各地区比较优势，促进各类要素合理流动和高效集聚，增强创新发展动力，加快构建形成高质量区域发展格局，为"双循环"提供高质量发展的动力系统。西部陆海新通道高质量发展，要求充分考虑以"一带一路"为统领的全面对外开放新形势下，更侧重服务强大国内市场建设，突出与国家区域发展战略精准对接，强调西南地区与西北地区战略互动，强调新通道与"一带一路"建设、长江经济带发展以及粤港澳大湾区建设、海南全面深化改革开放等深度衔接。在通道整体布局时，还需要统筹考虑海南洋浦港、广东湛江港等的战略支撑作用。因此，依托陆海新

第三章 "双循环"新发展格局与西部陆海新通道建设高质量发展

通道，可以为东中部地区的对外贸易、产业转型优化提供良好的平台，东中部地区可以围绕陆海新通道交通干线进行产业梯度转移或产业链技术扩散以及市场分工，通过资源禀赋和比较优势实现产业优化升级，并以此带动西部省区市的经济发展。加快形成高质量的区域战略互动格局，可以以整体联动的方式参与全球市场竞争，有助于提升中国在全球价值链出现深刻转型，在面临双向分流的竞争中占据优势和主动，维护地缘经济安全，构成陆海内外联动，东西双向互济的开放新格局。

充当共建"一带一路"高质量发展互联互通的纽带。共建"一带一路"高质量发展是顺应经济全球化，全球治理体系变革的时代要求，是中国应对内外部严峻挑战的有效举措，是全球价值链转型升级的强大引擎。共建"一带一路"高质量发展为西部陆海新通道高质量发展提供了时代背景和赋予激发其潜能的平台，而作为衔接"一带"和"一路"陆海联动的通道，西部陆海新通道高质量发展充当助推"一带一路"高质量发展的重要载体和引擎。新冠肺炎疫情全球大流行对全球供应链带来的冲击包括消费断崖式下降；引发全球供应链中、上游出现过度调整；引发全球经济衰退，削弱全球供应链的增长动力等。全球物流运输体系保持畅通对于维护全球供应链安全与稳定尤其重要，在此方面，西部陆海新通道可以大有作为。多式联运是国际物流通道的主要表现形态。西部陆海新通道建设过程是多式联运体系构建的过程，包括转运设施、装备标准、运营平台、经营主体、服务产品、信息互联、便捷通关、运营规则、统一单证等多式联运系统的各要素。随着多式联运的不断深化，加上得益于《总体规划》印发后，共商共建合作机制的建立、基础设施建设的推进和沿线产业的聚集等共同叠加效应，西部陆海新通道在疫情发生以来，其物流规模、合作范围、通道网络等持续拓展，凸显出维护全球供应链安全与稳定的重要战略价值。例如，铁海联运班列已形成重庆、成都到广西北部湾的3条主通道，并在新冠肺炎疫情期间拓展至达州、南充、涪陵、长寿等物流节点，基本形成"一主两辅多节点"的始发集结体系，目的地已拓展至全球96个国家和地区的246个港口。重庆、成都至越南等东盟国家的跨境公路班车和国际铁路联运线路也在疫情期间保持常态化运行。通过成立陆海新通道运营有限公司，有效整合沿线各地铁路场站、港口、海船等信息，为各方提供订舱、结算、融资等"一站式服务"，"统一品牌、统一规则、统一运作"已初步实现。中铁联集钦州中心站正式建成投用，有效破解了铁路与出海港口联通的"最后一公里"。重庆海关将"两步申报"模式运用在西部陆海新通道的货物运输上，主要指的是在货物不涉检、不涉税、不涉证的前提下，只需要申报9项项目，即可完成通关，货物可以即刻转运，剩余项目的完整申报手续在货物入境14天内完成即可。这意味着从越南启运的塑料包搭乘西部陆海新通道铁海联运班列运抵重庆团结村中心站，仅填写9项报关单申报项目，这批货物便完成了从企业申报到查验放行流程，直接在中心站内换乘中欧班列，发往德国，通关效率明显提高。打通全球物流大动脉，对于促进双循环新发展格局起着至关重要的作用。充当中国—东盟经济合作"提质升级"的重要载体。新发展格局下，中方视东盟为高质量共建"一带一路"重点地区，东盟市场也成为全球价值链体系重塑和再布局的重要地区。越南、印尼、柬埔寨等东南

第三章 "双循环"新发展格局与西部陆海新通道建设高质量发展

亚国家凭借劳动力优势、持续改善营商环境以及优化基础设施配套能力，主动开放国内市场并推动外国市场向其开放，把握承接国际产业转移历史性契机。而中国东部沿海发达地区部分劳动密集型产业出现向南边的越南、印尼等东南亚国家转移的趋势。新发展格局下中国与东盟深化合作具备一定的现实基础。首先，中国与东盟陆海相邻，经济相依，人文相近。自2013年中国提出并实施"一带一路"倡议以来，中国与东盟经济合作迈入快车道。中老铁路、雅万高铁、泛亚铁路、中国—中南半岛经济走廊建设等项目陆续推进，为加快推动中国与东盟区域经济合作迈向更高层次发展奠定了坚实的基础。其次，中国与东盟战略伙伴关系不断深入务实有效发展，在经贸合作、人文交流、基础设施互联互通等领域的合作硕果累累。双方不断夯实政治互信。2003年10月，中国在印尼巴厘岛举行的第7次东盟与中国（10+1）领导人会议上正式加入《东南亚友好合作条约》。2018年11月，中国与东盟发布《中国—东盟战略伙伴关系2030年愿景》，进一步提升战略合作水平，促进更紧密的中国—东盟合作。2020年11月13日，李克强总理在北京召开的第23次中国—东盟领导人会议上提出，中方愿以双方建立对话伙伴关系30周年为契机，将双方关系提升为"全面战略伙伴"。期待与东盟国家团结合作、迎难而上，为中国—东盟战略伙伴关系开辟更加光明的前景。2002年11月，双方签署了《中国—东盟全面经济合作框架协议》，中国—东盟自贸区（CAFTA）进程正式启动。2004年中国—东盟自贸区"早期收获"计划实施，双方下调农产品关税。之后双方陆续签署了《货物贸易协议》《服务贸易协议》和《投资贸易协议》，进一步释放政策红利。2010

年1月1日中国—东盟自由贸易区正式建成，90%的商品实施零关税。2019年8月，中国—东盟自贸协定"升级版"正式实施，中国与东盟间的制度性合作又上新的台阶。该协定涵盖货物贸易、服务贸易、投资、经济技术合作等领域，有利于双方降低交易成本，促进双方更高水平的开放，拓深合作领域，为中国与东盟贸易和投资的增长提供了广阔的空间。[1]最后，中国与东盟加强经贸合作，克服新冠肺炎疫情影响，推动经济恢复性增长。2020年1至9月，中国与东盟贸易总额达4818.1亿美元，同比增长5.0%，东盟成为中国第一大贸易伙伴；中国对东盟全行业直接投资达107.2亿美元，同比增长76.6%，[2]充分展现出双方经贸合作活力和潜能。毫无疑问，西部陆海新通道高质量发展可以成为深化中国与东盟经贸合作的重要载体。西部陆海新通道高质量发展，正是通过提升中国与通道沿线东盟国家的互联互通水平，建立全方位沿线国家互联互通伙伴关系，寻求与沿线通道东盟国家在通道运行机制、通道畅通机制、解决争端机制和利益分配机制进行创新和新突破。

　　充当中国推动和引领新一轮经济全球化的重要助推器。全球化反映了各国及其公民之间日益相互依存的进程。相互依赖性增强的主要原因有四个方面：贸易和投资自由化、技术创新和降低通信成本、企业家精神和全球社交网络。全球化是指通过货物和服务和国际资本流动的跨境交易的数量和种类的增加，

---

[1] 翟崑、陈旖琦：《第三个奇迹：中国—东盟命运共同体建设进程及展望》，《云南师范大学学报（哲学社会科学版）》2020年第5期。
[2] 《李克强在第23次中国—东盟领导人会议上的讲话》，新华网。

以及通过技术和信息的迅速和广泛扩散，世界各国在经济上日益相互依赖。[1] 冷战结束后，全球化进入发展的鼎盛期，以中国和印度为代表的新兴市场国家和发展中国家积极推进贸易自由化政策，实现了群体性崛起，原有的苏东社会主义国家从中央计划经济向市场经济转型，加上技术革命（包括运输集装箱和信息通信技术的发展）推动了全球供应链发展与整合，世界经济的发展进入黄金期。[2] 全球化最突出的表现是经济全球化。经济全球化要求世界各国之间商品、服务和资源的自由流通。这是必不可少的要求，是社会生产不可逆转的趋势，不依赖任何国家，任何国家的意愿。[3] 中国对全球化并不陌生。这个过程已经进行了很长时间。中国融入全球经济使十亿人脱贫，成为顺应经济全球化的受益者。然而，当前正处于世界百年未有之大变局，新一轮科技与产业革命的加速拓展，再加上经济全球化在新冠肺炎疫情冲击下一定会发生或加速某些重大变革，区域化和数字经济全球化的嵌合可能是经济全球化今后的演化方向，新冠肺炎疫情的冲击可能加速这一趋势的实现。中国需要强化与区域化和数字经济全球化嵌合发展相适应的"双循环"新发展格局，努力强化自主创新能力，既以数字经济发展提升中国

---

[1] Dreher, "Does Globalization Affect Growth? Empirical Evidence from a New Index Globalization", *Applied Economics*, Vol.38, No.10, 2006, pp.1091-1110.

[2] Fischer, "Globalization and Its Challenges", *American Economic Review*, Vol.93, No.2, 2003, pp.1-30.

[3] Stiglitz, *Globalization and Its Discontents*, England: Penguin Books, 2002, p.120.

在区域化中的竞争力,也以与国际规则接轨的高标准市场体系建设来推进更高水平的开放。这样,中国才有可能引领好新一轮经济全球化进程,因此,西部陆海新通道高质量发展,可以成为助推中国成为新一轮经济全球化的重要引擎。西部陆海新通道建设已经将中国西部地区拉到了全球市场的前方,毗邻东盟,对接全球。通道沿线境内自贸试验区与境外自贸区之间的协同共建,融合发展,成为促进"双循环"新发展格局的助推器。

第四章

西部陆海新通道建设高质量发展的现实基础

第一节 西部陆海新通道建设的演进进程

当前全球经济处于深度调整期，世界将会迎来后新冠肺炎疫情时期全球化转型的经济新秩序和新格局。主要经济体通过实施创新驱动战略作为引领全球经济复苏的新引擎，以云计算、大数据、人工智能、物联网为代表的第四次工业革命已经来临，作为新一轮全球化的主旗手和世界经济舞台上的主角的中国依然是引领全球经济增长的关键力量和重要基石。西部陆海新通道是以共建"一带一路"为统领，依托中新（重庆）战略性互联互通示范项目，中国西部省区市与新加坡等东盟国家通过区域联动、国际合作共同打造的，具有多重经济效应的战略性通道。"西部陆海新通道"位于我国西部地区腹地，北接丝绸之路经济带，南连 21 世纪海上丝绸之路，向东协同衔接长江经济带，形成"一带一路"经中国西部地区的完整环线。

一、第一阶段：建设南向通道的探索与酝酿期（1992年至2017年2月）

西部陆海新通道建设经历了从南向通道到国际陆海贸易新通道的演进过程，大致经历了四个阶段：建设南向通道的探索与酝酿期，南向通道概念的提出与提速期，南向通道更名为"国际陆海贸易新通道"以及西部陆海新通道的建设。

20世纪90年代初，广西意识到，立足于"海"，通过立足自身作为中国西部地区唯一的出海口特殊优势，真正能够充分释放自身和整个大西南的优势，将自身的对外开放的意识上升到一个更高的格局中。正是基于这一认识的转变，1992年4月，在国务院副总理邹家华在广西北海主持的西南五省七方（包括华南地区部分省区）规划会议上，广西将建设"出海大通道"理念正式提出，得到与会代表积极共鸣。[1]同年5月，中共中央下发《关于加快改革、扩大开放，力争经济更好更快地上一个新台阶的意见》，在这份文件中，党中央首次明确提出"要充分发挥广西作为西南地区出海通道的作用"[2]，说明党中央充分肯定广西提出"出海大通道"发展思路。

此后，广西突出"沿边、沿海、沿江"区位优势，全力建设西南大通道，提出到20世纪末，交通基础设施建设要实现"五个一千"的奋斗目标，即建成1000公里高速公路，再建1000公里以上二级公路，每年建成1000公里县乡公路，新增港口吞吐能力1000万吨，打通南宁至广州的千吨级航路。新世纪之初，党中央提出西部大开发战略，在全国上下掀起了开发西部地区的热潮的大背景下，广西加快推进建设西南出海大通道战略。在国家政策支持下，广西陆续投入数千亿资金改善广西交通基础设施建设，用以提升西南大通道运输能力。到2004年年底，

---

[1] 《1992年大事记》，广西地情网。
[2] 同上。

初步建成以南宁为中心，连接自治区内各市县及所有港口码头，从内地中心城市向沿海沿边及与东盟对接的综合运输网络，形成了以沿海港口为龙头，南昆铁路为骨干，高等级公路、水运、航空和其他基础设施相配套的现代化立体交通网，基本建成了便利、快捷的国际大通道。

随着2003年中国与东盟建立战略伙伴关系，国家决定将中国东盟博览会永久性会址落户广西南宁，以及中国—东盟自由贸易区创建，广西在国家对外发展格局中的定位发生了重大改变。此时，广西作为中国唯一与东盟国家陆海相邻的省份，又处在东亚经济圈的地理中心，是中国—东盟市场产业对接和自由贸易区的地理中心，无论东南沿海地区抑或北方地区都进入东盟市场的必经之地，因此，广西的定位升格成为面向东盟的"国际大通道"。2006年7月，在广西政府积极主推下，"泛北部湾区域经济合作"（以下简称"泛北合作"）在首届环北部湾经济合作论坛提出来。泛北合作是中国—东盟陆海统筹协调发展的次区域合作机制成功探索，旨在与"一轴两翼""两廊一圈"的区域性设计对接，服务推动中国—东盟自贸区升级谈判，以及丰富和深化中国东盟战略伙伴关系。由此也进一步提升了广西在构建中国—东盟的全方位区域经济合作格局中的地位。为此，中国为进一步推动广西发展，在广西北部湾设立经济区，并于2008年1月批准实施《广西北部湾经济区发展规划》。广西根据《关于全面实施广西北部湾经济区发展规划》出台了一系列优惠政策。其中，包括优先发展交通，进一步完善和实施公路、铁路、港口、机场、航道等发展规划，加快建设水路配套相互贯通，内外通道便捷、畅通、高效、安全的现代综合交通体系。

2008年12月，广西政府投资四千亿元人民币，用以加快升级西南出海大通道，建成出海出边国际大通道，确立广西在全国交通网络中通向东盟的枢纽地位。

从上可以看到，广西在推动西南出海大通道建设中，做了诸多努力，取得了不错的成效。主要体现在：一是有效整合了北部湾港口群，结束了长期以来钦州、北海、防城港三港各自为政、分散经营、货种分工混乱的无序竞争的局面。二是抓住云南、贵州等市场，打造港口腹地经济，打通内陆地区。例如，云南地区历来重视北部湾出海通道的建设，北部湾港也极其重视云南地区的货运开发，北部湾港海铁联运货源的1/3来自云南地区。三是通过统筹建立北部湾经济区，形成发展合力。通过统筹北部湾经济区对外开放，协调和推动广西—东盟经济开发区、南宁六景工业园、南宁高新技术产业开发区等多个经济开发区形成发展合力。四是通过紧抓中国—东盟合作历史性机遇，积极谋求与东盟多层次、宽领域的合作，为自身发展赢得红利。广西在建设西南出海大通道，在打通重庆、贵州、广西北部湾的公路网络和北部湾港口群的建设中积累了成果，同时通过与东盟合作十年积累的资源，为日后建设南向通道奠定了一定的基础。

2015年11月7日，中国国家主席习近平访问新加坡期间，两国签署了《关于建设中新（重庆）战略性互联互通示范项目的框架协议》及其补充协议，正式启动以重庆作为项目运营中心的第三个两国政府间合作项目。该项目不同于以往的两国政府合作项目，它没有划定明确的地理边界，也不局限于传统的招商引资，而是以"现代互联互通和现代服务经济"为主题，集中于新加坡方面拥有的金融服务、航空产业、交通物流、信息通信四大优势领域开展合作，通过以小马拉大车的形式，通过辐射效应和带动作用，助力提升中国西部地区互联互通水平，推进西部地区更好融入"一带一路"战略。重庆和新加坡贸工部代表两国签署了《关于建设中新（重庆）战略性互联互通示范项目的实施协议》。根据协议，中新两国建立了由副总理级的联合协调理事会，部长级的联合工作委员会以及地方政府层面的联合实施委员会组成的三级合作机制。[1]中新（重庆）战略性互联互通示范项目被认为是西部陆海新通道最新雏形。2016年9月1日，中新（重庆）战略性互联互通示范项目联合实施委员会第二次会议在重庆举行。会议审议通过了中新示范项目战略蓝图大纲，确定了中新示范项目战略愿景及实现路径的部署。其中，会议审议通过共同推动南向经钦州港出海至新加坡的海铁联运通道建设项目。

二、第二阶段：南向通道概念的提出与提速期（2017年2月至2018年11月）

2017年2月，在北京召开中新（重庆）战略性互联互通示范项目联合协调理事会第一次会议，会议首次提出南向通道的概念。[2]然而，受诸多因素影响，南向通道建设的议题并未引起足

---

[1]《解读中新（重庆）战略性互联互通示范项目》，新华网。
[2]《中新（重庆）战略性互联互通示范项目联合工作委员会第一次会议在京举行》，中华人民共和国商务部官方网站。

够的重视。但一个月后，新加坡领导人对"一带一路"倡议态度开始转向积极，南向通道建设进入提速期。

在地方层面，重庆、广西、贵州、甘肃四省区市谋定而动，于2017年8月31日共同签署《关于合作共建中新互联互通项目南向通道的框架协议》，制定《关于合作共建中新互联互通项目南向通道的协同办法》，建立共商、共建、共享"南向通道"工作机制，标志着四省区市探索合作建设南向通道，主动谋求服务"一带一路"建设。①随后，四省积极行动。2018年1月11日，《广西加快推进中新互联互通南向通道建设工作方案（2018—2020年）》出台。2018年2月28日，甘肃省政府办公厅印发《甘肃省合作共建中新互联互通项目南向通道工作方案（2018—2020年）》。2018年4月，重庆与广西等四省区市共同发出共建"陆海新通道"的"重庆倡议"。2018年6月2日，重庆、广西、贵州、甘肃四省区市与青海省签署《青海省加入共建中新互联互通项目南向通道合作机制备忘录》，标志着青海省加入共建"南向通道"共建机制。几天后，重庆与四川省共同签署深化两省合资深入推动长江经济带发展行动计划，明确双方将加强南向通道建设合作，共同推进南向通道区域合作机制。一天后，中新互联互通南向通道渝黔桂陇四地合作会议在遵义召开，四省区市南向通道平台运营公司共同商议，对成立二级平台公司有关合作内容达成共识。2018年8月30日，在中国新疆召开的"一带一路"国际物流合作论坛期间，新疆签署加入南向通道共建机制。

---

① 《南向通道连接"一带一路"》，人民网。

在国家层面，2017年9月20日，中国国家主席习近平在会晤来华访问的新加坡总理李显龙时提出，希望双方建设好中新（重庆）战略性互联互通示范项目，并在地区层面带动其他国家共同参与国际陆海贸易新通道建设。[①]一个月后，李显龙总理在出访美国前接受美国知名媒体消费者新闻与商业频道（CNBC）记者专访时，提到新加坡正积极展开的南向物流通道计划，与"一带一路"紧密连接，始于重庆，一路延伸到广西北部湾，从而为中国西部出口到海上丝绸之路和世界各地，提供更快、更经济的联通。[②]2018年2月，中国国家发改委将南向通道建设纳入国家"一带一路"项目库予以重点支持，中国国家商务部同意将其纳入中新（重庆）互联互通示范项目框架下与新加坡合作推进。2018年4月，习近平主席会见李显龙总理时，再次提出继续打造好双方共建的"南向通道"的要求。[③]部分东盟国家对加入南向通道建设也表现出较高的意愿和热情。2018年4月下旬，在广西南宁召开的第十届泛北部湾经济合作论坛上，来自越南、老挝、柬埔寨和泰国等东盟国家的政府高官均对南向通道建设，加快中国—中南半岛经济走廊建设，推进中国—东盟互联互通做出积极回应。

---

① 《习近平会见新加坡总理李显龙》，新华网，2017年9月20日。
② 《李显龙总理访美前接受美媒专访——谈及与大国关系等多项课题》，联合早报中文网，2017年10月20日。
③ 《"渝黔桂新"南向通道六大意义》，《重庆日报》电子版。

三、第三阶段：南向通道正式更名为"国际陆海贸易新通道"（2018年11月至2019年8月）

随着南向通道建设的快速推进，一方面，甘肃、青海、河南等中国中西部省区和越南、老挝、泰国等东南亚国家陆续参与，使得南向通道的地理范围逐步扩大。另一方面，南向通道运行初期，主要是中国省区在推动，货流主要由北往南，但随着通道的快速发展，东南亚的货物开始输入中国，由南向北的货流逐渐密集。2018年1月，首批发自新加坡的北向货源运出，标志着南向通道的"北向"含义开始体现。基于这种变化，建设"南向通道"的提法已经不足以概括和指引中国与东盟深化合作的现实，用"国际陆海贸易新通道"的表述更为全面准确。2018年9月中旬，新加坡总统哈莉玛、总理李显龙分别会晤到访的中国国务院副总理韩正，双方均提到了"对接一带一路的中新互联互通陆海新通道"，双方已经意识到了将陆海新通道融入一带一路建设的战略作用。[1]随后的10月底，新加坡贸工部长陈振声在接受中国新华网专访时也提到"陆海贸易通道"，他形容该通道不仅是南向，也是一条北向通道，有利于把中国西部与中亚、西亚经济体连接起来，刚好也将"一带一路"衔接起来。[2]2018年11月12日，中国国务院总理李克强与新加坡总理李显龙举行会谈。会谈结束后，两国总理共同见证了双方自由

---

[1] 《韩正访问新加坡并共同主持中新双边合作机制会议》，新华网。
[2] 《新华网专访新加坡贸工部长陈振声》，新华网。

贸易协定升级、互联互通、金融、科技、环境、文化、海关等领域多项合作文件的签署,其中包括中新(重庆)项目旗下的"国际陆海贸易新通道"谅解备忘录的签署。[①]至此,"南向通道"正式更名为"国际陆海贸易新通道"。

国际陆海新通道的提出,意味着该通道不仅可以覆盖东南亚,而且可以扩散到更广阔的"一带一路"倡议覆盖地区,而且通道建设项目与"一带一路"倡议衔接更加紧密,预示着中国在中央部委层面对通道建设提高关注度和投入度,地方层面提高整体协调参与度,有助于进一步提升通道在衔接一带一路中的"丝绸之路经济带"与"21世纪海上丝绸之路"的桥梁作用。两天后,中新两国政府发表联合声明,一致认为,"一带一路"合作是当前中新关系的新重点,契合两国发展需求,今后将加强"一带一路"框架下的互联互通合作,把中新(重庆)战略性互联互通示范项目"国际陆海贸易新通道"打造成合作新亮点。

2018年12月,四川成都市与新加坡就协同深化打造"南向通道"达成合作意愿。2019年1月7日,重庆、广西、贵州、甘肃、青海、新疆、云南、宁夏八省区市政府合作共建"陆海新通道"框架协议签约活动在渝举行,意味着宁夏加入共建陆海贸易新通道合作机制。同年5月16日,重庆、广西、贵州、甘肃、青海、新疆、云南、宁夏、陕西九个西部省区市签署合作共建"陆海新通道"协议,标志着陕西省正式加入"陆海新通道"共建合作机制,"陆海新通道"合作范围进一步扩大,将助

---

① 《李克强同新加坡总理李显龙举行会谈》,新华网。

推中国加快形成"陆海内外联动、东西双向互济"的对外开放格局。

四、第四阶段：西部陆海新通道的建设（2019年8月至今）

在2019年全国两会期间，重庆代表团提出建议为《关于将"陆海新通道"明确为国家战略性项目的建议》。由十三届全国人大二次会议审议通过的《关于2018年国民经济和社会发展计划执行情况与2019年国民经济和社会发展计划草案的报告》（以下简称《报告》），其中，"陆海新通道"直接作为一个单独的项目出现在2019年的国家项目清单上，这意味着"陆海新通道"将得到国家层面的更多支持。2019年8月，中国国家发改委正式印发《西部陆海新通道总体规划》（以下简称《规划》）。《规划》对西部陆海新通道建设的规划背景、战略定位、空间布局、发展目标作出规划。《规划》提出，"西部陆海新通道位于我国西部地区腹地，北接丝绸之路经济带，南连21世纪海上丝绸之路，协同衔接长江经济带，在区域协调发展格局中具有重要战略地位"。《规划》指出西部陆海新通道的战略定位，即西部陆海新通道是"推进西部大开发形成新格局的战略通道，连接'一带'和'一路'的陆海联动通道，支撑西部地区参与国际经济合作的陆海贸易通道，促进交通物流经济深度融合的综合运输通道"。《规划》还明确，"统筹区域基础条件和未来发展需要，优化主通道布局，创新物流组织模式，强化区域中心城市和物流节点城市的枢纽辐射作用，发挥铁路在陆路运输中的骨干作用和港口在海上运输中的门户作用，促进形成通道引领、枢纽支撑、衔接高效、辐射带动的发展格局"。为此，《规划》指出，"围绕主通道完善西南地区综合交通运输网络，密切贵阳、南宁、昆明、遵义、柳州等西南地区重要节点城市和物流枢纽与主通道的联系，有力支撑西南地区经济社会高质量发展。强化主通道与西北地区综合运输通道的衔接，加强西部陆海新通道与丝绸之路经济带的衔接，提升通道对西北地区的辐射联动作用。同时，注重发挥西南地区传统出海口湛江港的作用，加强通道与长江经济带的衔接。"可以看出，《西部陆海新通道总体规划》印发并实施，正式确定西部陆海新通道建设上升为国家战略，标志着西部陆海新通道建设迈向新的发展阶段。

第二节 西部陆海贸易新通道建设的现状

中国地方省份有各自基础条件和发展潜能,在国家发展规划的战略导向下,西部各省区市需结合国家整体发展诉求和自身实际,积极服务和融入国家发展战略,以争取国家政策的支持来加快自身发展。因此,在西部陆海新通道建设中,支持和参与的地方政府"朋友圈"从原来的重庆、广西、贵州、甘肃四省区市,逐步扩大至目前14个省区市(包括广东湛江市),未来将呈不断扩员态势。

重庆。《西部陆海新通道总体规划》提出,将重庆"着力打造国际性综合交通枢纽,充分发挥重庆位于'一带一路'和'长江经济带'交汇点的区位优势,建设通道物流和运营组织中心"。因此,重庆努力把握这一重大机遇,积极推进西部陆海新通道建设。在物流枢纽建设方面,重庆陆港型国家物流枢纽入选2020年国家物流枢纽建设名单,重庆陆港型国家物流枢纽已建设"东西南北"四向齐发的国际国内大通道,形成集铁公水于一体的多式联运体系,这为重庆打造"通道+枢纽+网络"陆海新通道的现代物流运作体系提供了有力支撑。[1]在铁路建设方

---

[1] 《重庆陆港型国家物流枢纽入选2020年国家物流枢纽建设名单》,重庆之声。

面，江津铁路以珞璜铁路综合物流枢纽的投入使用，使重庆地区年吞吐量达2000万吨，实现陆海新通道与中欧班列（重庆）的互联互通。[①]在交通物流方面，中新（重庆）辉联埔程多式联运智慧物流项目已开工建设，中新国际冷链产品贸易平台建设协议成功签署等。在信息通信领域，中新（重庆）国际互联网数据专用通道的正式运营，为两国企业开展跨国合作提供重要通信保障，助推重庆乃至西部地区同新加坡等东盟国家的信息通信互联互通水平。在平台建设方面，重庆江津综合保税区和双福、德感、珞璜、白沙四个工业园的"1+4"开放平台体系等，为重庆地区的经济带来了发展活力与动力。在产业合作方面，渝新欧（重庆）物流有限公司与MTL公司签署《越南—重庆—欧洲物流通道合作协议》。双方将在越南—重庆—欧洲通道各自发挥自身优势、对外统一策划和宣传、共同优化线路及成本解决方案、细化集装箱箱管服务、协助优化重庆铁路口岸代理通关通检服务提高效率、拓展服务网络等方面建立长期、全面的战略合作关系。[②]此外，重庆市政府口岸物流办与中国国际货运航空有限公司签署了《重庆航空物流枢纽建设战略合作框架协议之补充协议》。双方将在航空物流枢纽建设、新增国际货运航线、设立国货航重庆分公司等方面开展务实合作，助推重

---

① 《重庆江津全面融入"陆海新通道"建设 着力构建"立体式"开放格局》，浙江省重庆商会官方网站。
② 《8大项目集中签约 共同推进西部陆海新通道建设与合作》，中国（重庆）自由贸易试验区官方网站。

庆内陆国际物流枢纽和口岸高地、内陆开放高地建设。[①]2021年5月，重庆政府正式公布《2021年重庆市推进西部陆海新通道建设工作要点》（以下简称《工作要点》），《工作要点》主要包括优化运营组织、完善基础设施、深化交流合作、培育通道经济、完善协调机制五个方面，提出力争2021年全年铁海联运班列、跨境公路班车、国际铁路联运班列运量增加15%以上。[②]

广西。广西是中国唯一与东盟国家陆海相邻的省份，是面向东盟对外开放合作的前沿窗口以及拥有西部地区唯一的便捷出海通道。因此，参与西部陆海新通道建设，广西将迎来历史性的发展机遇。主要体现在：一是依托通道可以将国家提出的"一带一路"战略与西部大开发、粤港澳大湾区建设等区域发展战略有机衔接，有助于发挥广西沿海、沿边、沿江枢纽优势的集聚辐射作用，有利于对接各层级开放合作机制，促进开放合作制度创新，深化对外贸易合作。二是有助于加快落实党中央赋予广西的三大定位要求——即构建面向东盟的国际大通道，打造西南中南地区开放发展新的战略支点，形成"21世纪海上丝绸之路"和"丝绸之路经济带"有机衔接的重要门户。依托通道建设，有助于加强广西与通道沿线东南亚国家和地区在软硬设施方面合作，拓展构建面向东盟国际大通道开放的广度和深度，形成"南向、北联、东融、西和"对外发展新格局。同

[①] 《8大项目集中签约 共同推进西部陆海新通道建设与合作》，中国（重庆）自由贸易试验区官方网站。

[②] 《重庆出台〈工作要点〉 力争今年西部陆海新通道货运量持续增加》，重庆日报。

时，陆海新通道是广西开启新一轮高水平对外开发开放的重要载体。因此，陆海新通道建设，将给广西带来一个借梯登高实现跨越式发展的宝贵机遇。为此，广西提档加速，全力推进陆海新通道建设。2019年以来，广西在政策体系、工作推进机制，在陆海干线运行、基础设施建设、降费提效优服等方面，积极采取措施，着力推进通道建设，取得不错成效。其中，钦州港东航道浚深工程建设全面提速，中国首个海铁联运自动化码头开工建设。目前，钦州铁路集装箱中心站在全国铁路12个中心站中，发送箱量排名第五位，办理量排名第八位。2020年1至3月，钦州港港口货物吞吐量2887.8万吨，同比增长8%；集装箱吞吐量68.8万标箱，同比增长24%。[①]钦州港港口吞吐量逆势实现双增长，西部陆海新通道集聚态势凸显。此外，广西投入巨资建设西部内陆无水港体系，主要陆海新通道沿线主要节点城市和相关节点城市建立无水港，旨在形成贯通北部湾与西部主要城市的陆向协作网络。目前广西南宁、柳州均完成无水港建设。

  铁路方面，广西开工建设南宁至深圳高铁南宁至玉林段、南宁至崇左段，建成钦州铁路集装箱中心站，加快完善铁路运输网络。广西还深化与其他地区交流，推动各方加入通道建设。目前，广西已与重庆、四川等沿线省份，新加坡等国家的企业达成合作，共同运营北部湾港。此外，广西还与重庆、四川等沿线省份建立常态化沟通机制，推动成立陆海新通道运营有限公司，建立健全通道运营监测体系。

---

① 《1—3月钦州港吞吐量实现双增长》，钦州港国家经济技术开发区网站。

第四章　西部陆海新通道建设高质量发展的现实基础

2021年是"十四五"规划的开局之年，广西抢抓西部陆海新通道确立为国家"十四五"时期重大工程的宝贵发展机遇，从聚焦北部湾国际门户港建设、提升主通道运输能力、加强物流基础设施建设、提高通道物流效率和质量、打造通道一流营商环境、促进通道与产业融合发展、深化对外开放合作、强化金融支持力度等方面重点推进西部陆海新通道建设。[1]

四川。依托陆海新通道建设，将给四川经济社会全面发展带来"革命性变革"。因此，四川极为重视参与西部陆海新通道建设。2019年8月，四川省牵头成立西部陆海新通道物流产业发展联盟，该平台联盟聚合"13+1"省（区、市）的水、铁、公、空、金融和信息等多个物流相关产业，旨在打造具有国际竞争力的物流新通道、新平台。该平台将从推动物流产业发展、多式联运发展、通道经济发展、物流信息共享四个方面重点着力，通过市场化方式深化各领域务实合作，不断提升物流专业化、现代化、国际化水平。2019年10月，成都出台《成都市推进西部陆海新通道建设促进南向开放合作三年行动计划（2019—2021年）》，提出从加快通道建设、创新供应链体系、发展枢纽经济、增强国际交往能力等方面，推进西部陆海新通道建设。宜宾积极建设完善的铁公水空立体交运体系，扩充物流能力，实现来自南亚、东盟等地的矿产、粮食、水果等，和辐射区域出产的成品酒、汽车零配件、化工产品等货物的有效对流。内江、自贡、泸州、攀枝花等其他城市，吸纳高等教育和科技创新资源，推动了与东盟国家的人文交流与教育合作。

---

[1] 《2021年广西从八大方面全力推进西部陆海新通道建设》，人民网。

积极构建更具现代化的综合性交通枢纽，打造成为促进西南与西北、亚洲与欧洲之间联系的西部开放枢纽，四川省于2020年7月正式印发《2020年四川加快西部陆海新通道建设工作要点》（以下简称《要点》）。根据《要点》，在铁路建设方面，四川将加快成都至自贡至宜宾、重庆至昆明高铁建设项目，旨在充分释放既有货运通道的潜能。在国际性综合交通枢纽建设方面，《要点》明确提出，强化成都铁路主枢纽功能，开工建设成都青白江多式联运转换中心，加快成都天府国际航空、铁路、公路等多式联运物流港建设等，不断强化成都在四川交通网络中的辐射带动效应。在海上运输衔接方面，加快打通到北部湾最近的出海货运通道，实现成都至北部湾班列"天天班"；在发展多式联运方面，四川将推行铁海联运"一单制"试点，探索建立与海运联合承运互信互认互通机制，开展基于"一单制"的单证、通关、金融业务流程试点，统一多种运输方式货品分类代码和危险品分类等。2021年6月，四川省政府召开推进"一带一路"建设工作领导小组会议，会议强调，要以建设西部陆海新通道畅联"一带"和"一路"，构建"通疆达海"大通道。高度重视西部陆海新通道建设，用战略眼光、系统思维加快规划建设，全力打通成都至北部湾最近出海货运大通道，更好服务和融入新发展格局。[1]

甘肃。甘肃地处亚欧大陆桥的核心通道，是中国通向中亚、

---

[1] 《黄强主持召开省推进"一带一路"建设工作领导小组会议 提高站位解放思想对标先进 不断推动"一带一路"建设走深走实》，四川省人民政府官方网站。

西亚以及欧洲的重要交通枢纽、商贸物流和能源输送大通道，具有承东启西，南拓北展的重要地位。西部陆海新通道联通中国西北和西南，进而贯通中亚、西亚和东南亚地区，使"一带一路"在甘肃真正实现对接，形成"一带一路"经中国西部地区的完整环线和陆海贸易大通道，有助于加快打造甘肃成为向西对外开放的黄金地段，作为陆海新通道的重要节点，甘肃着力提升运输能力和物流发展能力，旨在打造成陆海贸易新通道的重要交通物流中转枢纽。主要采取如下措施：一是完善物流产业发展政策。甘肃省继续落实好省政府《关于加快发展现代商贸物流业的意见》《甘肃省通道物流产业发展专项行动计划》，继续完善通道物流产业发展顶层设计，培育发展新动能。2019年9月，甘肃省政府10部门联合印发《关于发展我省高铁快递物流业的意见》，统筹推进甘肃省快递物流领域高铁经济发展。2019年12月，甘肃省政府正式印发《新时代甘肃融入"一带一路"建设打造枢纽制高点实施方案》（以下简称《方案》），提出到2025年，枢纽经济新动能显著增强。全省交通物流体系、跨境贸易体系、对外开放平台体系更加完善，基本建成向西开放为主、融入"一带一路"的大通道、大平台，通道物流产业增加值占全省GDP比重提高到5%。二是稳步推进农产品物流体系和冷链物流体系建设。甘肃省推进"三农"领域补短板农产品仓储保鲜冷链物流建设工程，包括建设农产品骨干冷链物流基地、区域性农产品产地仓储冷链物流设施、乡镇田间仓储冷链物流设施、村级仓储保鲜设施，旨在提升甘肃省冷链物流综合服务能力。近年来甘肃省围绕"牛羊菜果薯药"六大特色产业高质量发展，以大市场、大流通为重点，积极探索建立市场营销体系新构架，组建全省农产品流通企业联盟，引导企业在广州、北京、上海、成都等地建立10个甘肃省特色农产品销售服务中心。2020年8月，甘肃省特色农产品集中上市季线上线下产销对接活动成功举办，签约项目28个，签约额达9.6亿元。三是加快打造口岸平台。《方案》明确提出，建设国家级中欧（中亚）班列集结中心。建设该中心的目的是，统筹组织货源存储、集拼、调配和转运，重点推进进口货物在兰州集结后分拨发往全国各地，出口货物在兰州集拼编组后发往南亚、中亚和中东欧，实现国际货运班列提质增效。建设"甘肃省企业供应链服务平台"，该平台可以为通道企业提供供需信息共享、智能资源匹配等功能服务，以此助力通道产业链、供应链发展。目前，甘肃已陆续建成兰州和敦煌航空口岸、兰州铁路口岸、兰州新区综合保税区等8类10个指定监管场地获批建设；兰州国际陆港多式联运物流园、冷链物流园、京通易购电商产业园等物流交易园区也在加快建设。

贵州。贵州是最早一批加入西部陆海新通道建设的省份，近年来积极统筹各种运输方式，着力构建完善交通走廊。随着贵广、沪昆、黔渝、成贵等高铁、快铁线路的陆续运营，以及即将开通的贵南高铁，已经形成了以贵阳为中心的高铁客货运输通道体系，和北向重庆、西到成都、西南至昆明、南接南宁和广州、东连长沙的"3小时米字型高铁经济圈"。加上高标准建设的贵广、厦蓉高速公路，贵阳已成为西南人流物流出海、粤港澳大湾区联结西南的重要门户。2020年10月，贵阳陆港型国家物流枢纽入选中国国家发改委、交通运输部联合发布的2020年国家物流枢纽建设名单。这将全面提升贵阳作为西部陆海新通道重要战略节点的集聚辐射效能,并将充分发挥贵阳陆港型、空港型、生产服务型和商贸服务型国家物流枢纽承载城市作用,为国家物流枢纽建设运营创造良好环境。2021年4月,为加快构建高效、智能、绿色、安全的现代物流体系,提升物流效率,贵州又出台了《贵州省进一步降低物流成本若干政策措施》,涉及进一步降低公路运输成本,促进铁路运输和水路、航空运输发展,推进通关便利化,强化土地、用能、税收、资金等要素保障,市场主体培育、物流业信息化标准化绿色化发展,优化城市配送,确保政策落地落实等方面12条措施。[①]

青海。青海结合自身实际,制定《青海省参与建设西部陆海新通道实施方案》(以下简称《方案》)。《方案》提出,"参与建设西部陆海新通道是扩大对外开放的需要,交通基础设施互联互通尤为重要"。因此,提出"通过打造以客运为主的西宁综合交通枢纽,向南构建经成都、重庆至广西北部湾防城港的出海通道,实现与西南地区的快速连接;通过打造以货运为主的格尔木综合交通枢纽,向北、向西构建与新疆、西藏地区的陆路运输大通道,连接新疆喀什地区,之后至红其拉甫口岸,经中巴经济走廊至瓜达尔港及中东地区"。目前,青海正推动兰新高铁、格库铁路建设,争取早日投运;西宁至成都铁路项目已正式开工建设,建成后将大幅缩短青海与新疆等周边省区的运输距离,为西北地区通道构建发挥积极作用。同时,青海积极探索与甘肃省建立国际货运班列合作机制,鼓励两省班列承运企业拼箱集货,实现两地优势互补,支持外贸企业稳定发

---

① 《贵州高质量建设西部陆海新通道》,新华网贵州频道。

展。2020年，青海开行西部陆海新通道铁海联运班列总数超过了2018年至2019年两年开行数总和。铁海联运班列在实现常态化运营基础上不断加密，标志着青海省融入西部陆海新通道建设进入了快车道。2021年8月，青海省与广西省共同签订了《关于加强西部陆海新通道建设合作框架协议》。双方将在班列开行、货源组织、省际园区建设合作、多式联运等领域加强合作，共同推进西部陆海新通道建设，开创合作发展、互利共赢新局面。①

宁夏。宁夏明确通道建设思路，以错位竞争、功能互补、联动发展为原则，明确了支持打造银川口岸经济核心区，建设石嘴山、中卫口岸经济支撑区的联动发展定位。目前，宁夏依托宁夏国际货运班列，发展粮食、棉花、海产品、生活用品集散中心，积极将银川打造成为内陆地区向西开放的重要物流节点和区域性国际物流中心、区域性联运配送中心。同时，宁夏还依托石嘴山保税物流中心（B型）、惠农陆港、中卫陆港，发展石化、矿石、煤炭、木材等产业，将石嘴山打造成为区域性大宗商品集散交易基地，将中卫打造成为融入西部陆海新通道的区域性综合运输枢纽。

云南。云南根据自身地处东亚、东南亚和南亚接合部的区位优势，通过提升利用瑞丽、猴桥、清水河等口岸，联通缅甸皎漂港，拓展西部陆海新通道出海口，更好地支撑西部地区参与国际经济合作，更快地助推"一带"和"一路"的陆海联

---

① 《广西青海合作共建西部陆海新通道》，广西钦州保税港区管理委员会官方网站。

动。自2019年《西部陆海新通道总体规划》实施两年来，云南省推进西部陆海新通道建设取得积极成效。主要体现在：一是面向南亚东南亚辐射中心通道逐步形成。国际运输通道有序推进，中越通道境内段高速公路、准轨铁路全线通车，老泰通道昆明—磨憨高速公路建成通车，玉溪—磨憨铁路即将建成，澜沧江—湄公河国际航运健康有序发展；中缅通道瑞丽、猴桥、清水河等口岸通高速公路，大理—临沧铁路建成通车，大理—瑞丽铁路建设有序推进。二是国内运输通道建设全面提速，云南省铁路"八出省"通道已建成6条，渝昆高铁建设加快推进，滇藏铁路香格里拉至邦达段正在开展前期工作，除滇藏方向外，高速公路"七出省"格局基本建成；云南省联系京津冀、长三角、粤港澳、成渝双城经济圈等国内重要经济区的高速公路和铁路复合通道实现贯通，金沙江—长江航道等水运出行条件显著改善，昆明机场改扩建工程前期工作有序推进，昭通机场迁建、蒙自机场正在加紧建设。三是通道物流规模实现大幅增长。2021年上半年，经广西钦州港出海通道班列共计发运151列10692标准箱、29.5万吨，同比增加24.9万吨；云南省累计开通南亚东南亚航点33个，数量排名全国第一，基本实现南亚东南亚国家首都和重点旅游城市客运全覆盖；全省机场保障运输起降24.6万架次，旅客吞吐量2761万人次，货邮吞吐量20.5万吨；昆明市入选国家物流枢纽建设名单。四是对外开放水平逐渐提高。持续优化拓展国际贸易"单一窗口"功能，2021年上半年，全省口岸进口整体通关时间排全国通关时间最短省区第4位，出口整体通关时间排全国通关时间最短省区第1位；跨境商贸有序发展，全省跨境电商公共服务平台与昆明海关数据分中心、海关总署跨境电商通关服务系统、跨境电商园区、电商企业实现对接共享；21个口岸（通道）提升工程控制性规划编制完成，磨憨铁路口岸开放获国务院批复。

新疆。新疆不断深化国际合作，构建东联西出的大通道。目前，新疆已与周边8个接壤国家中的5个开通国际运输线路118条，为西部陆海新通道建设提供了交通便利。新疆立足自身区位，加强西部陆海新通道与丝绸之路经济带核心区的有效衔接。比如加快乌鲁木齐国际陆港区建设，推进喀什经济开发区、霍尔果斯经济开发区高质量建设，加快口岸经济带建设，与170多个国家和地区建立了经贸关系等。2020年，新疆国际陆港有限责任公司与重庆市平台公司签署《合资合作框架协议》，区域平台公司"陆海新通道运营新疆有限公司"申报工作有序推进，进一步推动了新疆融入通道建设。

陕西。在推进西部陆海新通道建设方面，目前，陕西已出台《陕西省关于加快西部陆海新通道建设实施方案》，明确了推进西部陆海新通道建设的工作目标、重点任务和责任部门。根据《总体规划》要求，陕西已基本建成西安国际航空物流港和西安新筑铁路物流基地两个项目。同时，陕西还启动了西安至银川、至重庆、至包头高铁和一批省际高速公路建设，进一步畅通南北客货运大通道，增强西安枢纽服务和带动作用。此外，陕西也在全力配合做好通道建设相关工作，比如加大西部陆海新通道宣传推介力度，动员有关企业主动融入西部陆海新通道建设等。

内蒙古。内蒙古通过加快通道和物流设施建设，大力提升运输能力和物流发展质量效率，促进西部陆海新通道建设。目前，内蒙古正有序推进通道及物流基础设施建设，比如建成赤峰至京沈高铁连接线项目，开工建设集宁至大同高铁、集通铁路电气化改造等工程。在物流基础方面，内蒙古则布局建设以7个国家物流枢纽承载城市为重点，以旗县物流中心为补充的枢纽网络。呼和浩特是西部陆海新通道沿线枢纽，内蒙古将提升呼和浩特的枢纽功能，目前呼和浩特综合保税区通过海关总署批复，已正式封关运行。呼和浩特新机场项目航站区工程全面开工建设，有望于2023年底竣工。

西藏。西藏主动参与西部陆海新通道建设，积极改善基础设施，加强互联互通。比如，推动实施尼泊尔沙拉公路、阿尼哥公路升级改造，构建"依托内地、面向南亚"的综合立体交通走廊。西藏还依托园区建设，促进开放发展动能转换。目前，西藏已制定并实施吉隆边境经济合作区工作方案，推进吉隆边合区建设；借助中国西藏与尼泊尔经贸协调委员会工作机制，积极推进中尼跨境经济合作区建设；以开放型经济园区建设为重点，积极推进"两带六线"开放布局；围绕青藏、川藏构建产业集聚区；围绕口岸和传统边贸通道加强对等国际产能合作。

海南。加入西部陆海新通道共建机制后，海南正加快推进基础设施建设。一是洋浦港出口路S308路面改造工程提前完工；二是洋浦港区航道改扩建工程和洋浦疏港高速公路项目立项已正式批复；三是洋浦港小铲滩起步工程改造项目已于6月底开工建设，并计划于2021年6月完工，届时洋浦港的年通过能力将提高到160万标箱。海南一些与通道有关的先导性项目，也取得有效突破。比如，海南部分单船登记载重吨位从6万吨提升到30万吨；船舶融资租赁业务顺利开展，已有两条融资租赁船舶正式交付下水。海南在航线开辟上也取得阶段性成果。在通道的促进下，该省已开通33条内外贸航线，并加密与越南等地航线，现发班密度已达2—3班/周，争取年内实现"天天班"。

  广东湛江。湛江加入西部陆海新通道共建机制以来，正持续补全多式联运基础设施，夯实通道基础。目前，湛江港40万吨级航道工程累计完成近半投资，湛江港获准纳入国家沿海第二批40万吨级铁矿码头布局方案，宝满港区集装箱一期扩建工程、湛江港拆装箱一期工程等一批码头工程正加快建设，将有效提升港口码头业务能力。湛江正进一步拓展综合交通网络，以加速融入通道建设。比如，通往广西和海南的玉湛高速、湛徐高速徐闻港支线已建成通车。湛江港的服务能效也持续增强。目前，该港累计开通海铁联运专列21列，形成西南地区经湛江港对接东盟、非洲、欧洲的物流服务网络。

第三节 诸多有利条件

中国与东盟经贸关系保持良好的发展态势,双边贸易投资自由化便利化不断加强,国际产能合作不断深化。

东南亚地区位于世界十字路口,有着独特的地理优势,加之中国与东盟在地缘和文化上山水相依,历史文明交融,这决定了东盟是中国对外经贸合作重要的地理市场。中国与东盟自2003年宣布建立战略伙伴关系以来,东盟各国积极发展对华友好关系,推进双方政治互信,对话交流,以进一步加强与中国的经贸关系。2013年在"一带一路"倡议下,提出了建设中国—东盟命运体。2015年11月,双方签署了《关于修订〈中国—东盟全面经济合作框架协议〉及项下部分协议的议定书》,该议定书指出进一步深化贸易投资等各领域,合作的领域更广泛、更全方位。2019年10月,《议定书》全面生效。2020年11月,东盟10国和中国、日本等15个亚太国家正式签署了《区域全面经济伙伴关系协定》,该协议标志着全球约1/3的经济体量将形成一体化大市场。[1]

---

[1] Malcolm Cook: Divergence and Displacement: Southeast Asia China Trade 2013—2018[J], ISEAS Perspective, 2019(88).

从双边贸易来看,"一带一路"倡议以来中国与东盟贸易总量呈持续增长态势。从2003—2013年,中国—东盟双边贸易从783亿美元增长到4436亿美元,增长了5.7倍,中国连续5年为东盟最大贸易伙伴。从2013—2019年,除2015年和2016年受全球经济下行的影响,中国—东盟双边贸易稍有下滑,中国与东盟贸易总额呈现持续上升的发展态势,贸易总额从4436亿美元增长至6415亿美元,增长1.5倍。2020年,在新冠肺炎疫情形势下,中国与东盟守望相助,双边贸易实现逆势增长。当年,双边贸易额达到6846亿美元。其中,东盟超越欧盟,成为中国第一大贸易伙伴,中国则连续12年成为东盟第一大贸易伙伴。

表4-1 2013—2020年中国—东盟国家贸易数据统计(金额单位:亿美元)

年份	贸易总额	中国对东盟出口	中国自东盟进口
2013	4436	2440.7	1995.4
2014	4804	2718.2	2083.1
2015	4722	2774.9	1946.8
2016	4522	2559.9	1962.6
2017	5148	2791.2	2357
2018	5879	3192.4	2686.3
2019	6415	3594.2	2820.4
2020	6846	3837.2	3008.8

数据来源:贸易总额根据中国—东盟中心相关数据整理而成,详见《2019中国—东盟数据手册》;中国对东盟出口及中国自东盟进口数据根据商务部相关数据整理而成,详见《中国对外贸易形势报告(2021年春季)》。

第四章　西部陆海新通道建设高质量发展的现实基础

自"一带一路"倡议提出以来，中国—东盟双边贸易的不对称性降低。2003—2013年，中国东盟的双边贸易差额不断扩大，2003年，中国对东盟出口额为309.25亿美元，中国自东盟进口额为473.27亿美元，[①] 2013年中国对东盟出口额达2440.7亿美元，增长近8倍，中国自东盟进口额达1955.4亿美元，增长近3倍。2010年，双边贸易对东盟GDP的贡献率达15.72%，对中国GDP的贡献率为5.1%。自"一带一路"倡议提出以来，中国积极承担国际责任，推动区域经济的一体发展，2018年，中国对东盟出口3192.4亿美元，较上年增长14.2%，中国自东盟进口额达2686.3亿美元，增长13.8%。到2020年，中国对东盟出口增长率为6.7%，中国自东盟进口增长率为6.6%，数据基本持平。[②]

自"一带一路"倡议提出以来，双边贸易结构的互补性明显改善。中国从东盟进口的商品中初级产品和农产品比重稳步提升，机电产品从以进口为主转变为以出口为主。在双边产业合作方面，战略对接和机制顶层设计落地走实加快，基础设施互联互通建设稳步推进，央企和民企在产业合作中"双驱动"力量显现，第三方合作助推具体项目落地实施取得成效，合作方式更趋多样灵活，合作成果惠及多方等。值得关注的是，新冠肺炎疫情助推了双方数字经济合作，当年中国与东盟数字经济合作年开幕，分享在数字化抗疫、数字基建和数字化转型等

[①] 数据来源：中国对外贸易形势报告（2021年春季）[EB/OL].商务部，[2021-06-09].

[②] 数据来源：东盟跃升中国最大货物贸易伙伴——中国—东盟贸易"含金量"十足[EB/OL].中国政府网。

方面的经验,双方数字经济合作加强,助推双方在电子制造产业链合作对接,集成电路等贸易规模明显提高,赋能双方电子制造产业链高质量发展。

"一带一路"倡议以来中国与越南、马来西亚、泰国、新加坡的贸易额占据东盟十国前四位。越南目前是中国第七大贸易伙伴,双方贸易额持续增加,贸易增速达18.7%,在东盟各国中占据第一,主要是在中国加快产业结构转型、区域产业链分工调整的双重作用下,多家跨国公司在越南布局建立工厂,调整地区供应链,从而推动了中越两国的中间产品贸易规模迅速扩大。接下来是泰国,双边贸易增速达8.1%。

从双向投资来看,"一带一路"倡议以来中国—东盟的双边投资额不断攀升。2013年以来中国加速了对东盟的投资,通过简化投资批准手续、建立一站式投资中心等举措,推动双方在投资上的便利化,中国—东盟出台了外资购地享有所有权、税收减免等措施,加速双向投资。根据商务部数据统计显示,2003—2013年,中国—东盟双向投资金额累计达1007亿美元,其中东盟国家来华投资累计771亿美元,中国企业对东盟投资累计236亿美元,2013年中国成为东盟第四大外资来源地,东盟为中国第三大外资来源地。[①] 随着一带一路的开展,中国加大了对东盟的投资,到2020年,中国—东盟双向投资金额累计超3100亿美元,是前十年的3倍。2020年,中国对东盟的直接投资达143.6亿美元,较上一年增长了一半,东盟成为中国最主要的对

---

① 数据来源:中国—东盟双向投资累计达1007亿美元[EB/OL]. 中华人民共和国国务院新闻办公室,[2013-07-23].

外投资目的地和外商直接投资来源地。

自"一带一路"倡议提出以来，中国—东盟双边互投最多的国家是新加坡。2013—2020年，中国对外直接投资流向最多的国家是新加坡。2019年，中国对新加坡直接投资额达526.37亿美元，占同期中国对东盟投资存量的47.9%。同期，中国对印尼、老挝直接投资分别达151.33亿美元和82.5亿美元。越南、柬埔寨紧随其后，分列第四和第五位。中国对菲律宾的投资是10国投资增幅最大的，增长近30倍。与之相反的是泰国和缅甸，中国在上述两国实际投资额处于下滑态势。2013—2018年，东盟对中国投资已由61.6亿美元增至101.8亿美元，年均增幅8.7%。从中国实际利用外商投资直接投资来看，2019年，东盟对中国实际投资54.7亿美元，新加坡、泰国和马来西亚位居前三位。2013年，中国实际利用东盟的直接投资8347.4百万美元，其中新加坡占近87%，2015年中国实际利用东盟的直接投资为7657.8百万美元，新加坡占90%，2019年中国实际利用东盟直接投资为7876.7百万美元，新加坡占96.3%。[1]

在"一带一路"倡议推动下，双方在制造业、农业、基础设施、高新技术、数字经济、绿色经济等领域投资合作稳步拓展。[2] 2013—2020年中国对外直接投资的行业流量最多的为租赁和商务服务业，占1/3，其次为制造业。存量投资最多的为租赁

---

[1] 数据来源：2020年中国—东盟经贸合作简况[EB/OL]，中国—东盟信息港网站。

[2] 《2019全球竞争力报告》：中国在多个领域表现突出[EB/OL].中国经济网，[2019-10-9].

和商务服务业，其后为批发和零售业、软件和信息技术服务业以及金融行业。在不同的国家，投资的具体行业存在差异，在新加坡，中国投资者青睐于投向租赁和商务服务业、金融业、数字产业等高附加值产业；在印尼、泰国、越南，中国资金更多流向传统制造业、采矿业、能源、建筑业等；在老挝，中国资本主要投向初级产品加工业。总体看来，2013—2020年中国在东盟的直接投资以销售及其他服务和加工制造为主，这二者占到80%，研发类投资占比少。

自"一带一路"倡议提出以来，中国—东盟双向投资更均衡。2003—2013年，中国—东盟双向投资呈现出明显的不平衡性。2009年，中国实际利用外资900多亿，居世界第二，东盟在中国累计投资550亿美元，中国在东盟累计投资50亿美元，中国吸引外商投资的能力明显高于东盟，这种不平衡性会影响双方的合作。随着"一带一路"的发展，中国和东盟不断加强合作，发掘经济结构上的互补性，"2018年，双向投资累计超过2000亿美元，基本实现双向平衡。中国和东盟国家已实现融合联动发展，成为区域经济一体化的主要推动力量"[1]。2020年新冠肺炎疫情暴发，但中国和东盟双向投资不减反增，当年中国对东盟全行业直接投资143.6亿美元，同比增长52.1%，东盟对华实际投资金额为79.5亿美元，同比增长1.0%，[2] 同年中国实际使用外资金额同比增长6.2%。中国—东盟双向投资激增的原因一方面是

---

[1] 王明国. 人类卫生健康共同体的科学内涵、时代价值与构建路径[J]. 当代世界，2020（07）.

[2] 抓住全球价值链调整期的新机遇[EB/OL]. 新华网，[2019-10-16].

2019年10月，自贸区升级《议定书》全面生效，2020年自贸区全面建成10周年，中国—东盟的关系上升到新的发展阶段，另一方面是中国境内的新冠肺炎疫情传播基本被阻断，东盟整体的新冠肺炎疫情较轻，为双方开展双向投资提供了方便。

一、中国具备的多重优势和东盟经济奇迹

中国启动改革开放以来，依靠体制创新和制度变革，发挥比较优势，全方位融入世界，在改革释放的巨大红利的推动下，成功抵御来自国内外各种执政风险的考验，经济总量发展成为当今的全球第二大经济体。实践证明，中国特色社会主义道路是实现世人瞩目的中国速度和中国力量的最佳制度安排。中国的制度优势和制度效能，为中国与东盟经贸合作高质量发展创造了巨大的制度环境。改革开放40多年来，中国宏观经济稳定且持续快速发展，中国在市场规模、创新能力和技术通信领域较为突出的表现得以巩固并发展。[1]

高质量共建"一带一路"为中国与东盟经贸合作高质量发展提供了广阔的操作平台，中国拥有的贸易、航运、超大规模的生产能力、高端劳动力、技术通信等资源优势可借助"一带一路"建设转化为现实动力。中国与东盟自由贸易区建设升级版，有助于中国与东盟经贸关系力度显著提升，为彼此开拓市场创造了更大的空间，推动更高水平的合作开放，这是中国与

---

[1] 刘凯，吴崇伯.新时期香港与东盟经贸合作升级研究[J].亚太经济，2021（01）.

东盟经贸合作迈向高质量发展的前提条件。

与此同时,东盟10国共有6亿4000万人口,是全球世界第三大人口地区,仅次于中国及印度。预计到2030年整个东盟区域人口将增至7.1亿。目前东盟区域六成人口年龄都在35岁以下。即便到了2030年,中位数年龄也只有33岁。因此,对应着东盟具有庞大的市场规模和消费潜力。当前东南亚地区正是全球人口迁移主要地区之一。从国别来看,主要集中在东南亚的菲律宾、缅甸、印尼、越南。从城乡迁移层面来看,目前东盟国家的总体城市化率超过50%,每年增长率高达6%,预计到2030年达到60%,到2050年接近70%。大量年轻人口带来的持续劳动力增长,以及城市化水平的提高,为东盟未来中长期的发展产生持续动力。其中产生的最重要影响是,东盟国家中产阶级的崛起并由此带来的消费意识觉醒和消费需求大幅提升,这为中国的优势产能输出以及中国与东盟产能合作创造了巨大的空间,为双方经贸合作高质量发展注入强劲动能。

二、双方已经形成多层次的合作机制增强经贸合作实现高质量发展韧性

中国与东盟国家的政治和战略互信不断增强和政治沟通交流不断深化,双方已经在地区合作层面、次区域合作层面、双边层面、国家层面和沿线支点城市层面建立起了坚实的政策沟通的情感基础、法律框架和组织协调机制,主要体现在:一是地区合作层面。中国与东盟在地区合作层面建立了多种政策沟通协调机制,主要有中国东盟(10+1)合作机制及其衍生

机制，包括11个重点合作领域的定期合作机制；东盟与中日韩（10+3）合作机制及其衍生机制；东亚峰会机制及其衍生机制；东盟地区论坛（ARF）的相关机制。这些机制为双方协调提供了丰富多元的机制保障。二是在次区域合作层面。中国与澜湄五国共同建成了"领导人引领、全方位覆盖、各部门参与"的独具特色的澜湄合作模式。此外，中国—东盟港口城市合作网络建立，推动了双方港口在基础设施、通关、港航物流、临港产业园区等领域合作持续推进。泛北部湾经济合作作为我国唯一长期探索中国—东盟陆海统筹协调发展的次区域合作机制，经过10多年发展，泛北合作从共识走向实践，从实践走向共赢，极大地促进了区域各方经济社会快速发展，进一步深化了中国—东盟战略伙伴关系，已成为中国—东盟合作框架下的重要次区域合作。中国—东盟蓝色伙伴关系作为双方共同努力突破区域内海洋治理困境，构建新型区域内海洋秩序，改进区域内海洋治理框架的重要尝试，正日益走向战略层面。在中国与东盟国别层面，目前中国已与越南、柬埔寨、缅甸三国签署共建命运共同体的政府协定。[①]中国与东盟建立多层次合作机制，为双方建立起了坚实的政策沟通的情感基础、法律框架和组织协调机制，推动了双方政治互信不断增强和政治沟通不断强化，为推进双方经贸关系更加密切，夯实双方合作基础，巩固了双方交流与贸易合作的韧性，为实现双方经贸合作高质量发展提

---

① 许晖，许守任，王睿智. 嵌入全球价值链的企业国际化转型及创新路径——基于六家外贸企业的跨案例研究[J]. 科学学研究，2014，32（01）.

供了更坚实的平台。例如，从2004年开始，每年在广西南宁举办的中国—东盟博览会，展现出经贸成果、经济效益和政治、外交的平台效应，极大地促进了中国与东盟双方企业拓宽市场空间，促进交流与合作，吸引资金和技术创造，提供了更多机遇。

疫后全球产业链加速重构。新冠肺炎疫情触发全球产业链加速重构，区域化趋势不断增强，增值贸易更加集中在区域内部贸易伙伴之间。尤其是东南亚地区的贸易相互依存度和产业链紧密度将进一步提升，产业链向区域化构造方向演进，给区域产业链自我加强提供特殊发展机遇。东盟发展中国家在传统产业分工出现重大变局的背景下，寻求突破产业链低端锁定困境，主动寻求向资本和技术密集型产业及服务业转型。智能化、自动化应用释放大批劳动力，为消费和服务产业发展提供可持续的发展动力，客观上为中国与东盟大多数发展中国家深化经贸合作提供机遇。[1]此外，全球供应链加快数字化转型。[2]数字技术的广泛应用将大幅降低距离对生产的影响，提高生产效率、最大程度降低生产成本，包括昂贵的劳动力和物流运输成本。因此，数字化转型正成为东盟发展中国家关注的焦点，其中大多数都致力于推进数字经济建设。数字化转型将助推中国与东盟发展中国家资源和数据共享，深化数字经济领域合作，培育

---

[1] 王志民."一带一路"战略推进中的多重互动关系分析[J].中国高校社会科学，2015（06）.

[2] 孙瑞哲.发现与再造——大变革时代下的产业升级[J].纺织导报，2015（01）.

数字经济新业态，为深化产业链合作提供有力支撑。

三、多重战略机遇利好叠加

一是"双循环"战略重塑中国与东盟关系发展新格局。"双循环"战略提出，更加强调全球贸易体系的良性互动促共赢。中国要实现国内经济大循环与国际经济相辅相成，相互促进，关键抓手是推进"一带一路"高质量发展。由于"一带一路"进入促进双循环新发展格局的转型发展阶段，东南亚成为率先融合区。东盟或者部分东盟国家将会成为双循环的首选。中国国内区域发展纷纷聚焦东南亚，如粤港澳大湾区、西部陆海新通道与澜湄合作的对接以及亚蓉欧的陆海突破等。"双循环"战略提出，助推中国与东盟跨境产业链、价值链和供应链深度关联，为彼此的进出口拓展更多的渠道和开拓市场空间，实现互利互补，共赢发展。

二是中国实施的自由贸易试验区战略激发双方经贸合作发展新动能。目前中国在地方层面已设立21家自贸试验区，自贸区战略布局已经实现了东部沿海发达地区、民族沿边地区和内陆腹地全覆盖，形成共同推进全域发展、多地联动的发展合力。自贸试验区是在全球经济格局深度调整和国际经贸规则深刻变化的背景下设立的，其建立之初就肩负着为深化对外开放开展先行先试、为对接高标准经贸规则进行压力测试的历史使命，具有新时期开放试验田的性质。通过实施对外资进入采取负面清单的管理模式等一系列优惠性政策，为培育国家对外贸易竞争力优势，促进生产要素更加合理流动和优化配置，产业结构优化升级创造良好契机,这也为促进中国对东盟贸易投资便利化水平,对接全球高标准经贸规则,构建风险防控机制等多个领域进行探索和创新,为提升高水平双向开放注入新的动能,也为提升中国与东盟服务贸易高水平提供崭新的平台。

三是打造中国与东盟更高水平的战略伙伴关系锚定双边贸易合作新方向。打造更高水平的中国—东盟战略伙伴关系,是推进双方建设更为紧密的中国与东盟命运共同体,造福中国与东盟各国人民,是对中国—东盟关系发展定位的新方向,也是助推中国东盟经贸合作高质量发展的再次"加持"。中国与东盟贸易合作高质量发展,是推进中国与东盟战略伙伴关系的直接推动因素,又是其具体展现,因此,应充分利用中国与东盟经济互补的优势,结合中国与东盟贸易合作现实及其特点,创新促进双方经贸合作机制,加强双方在互联互通、相关产业等领域合作机制建设,加快双方生产要素的自由流动,提高资源配置效率,共同打造重点服务产业与服务贸易合作平台,促进双方服务贸易结构优化,充分把握中国与东盟共建更高水平战略伙伴关系这一重大历史契机。

第四章　西部陆海新通道建设高质量发展的现实基础

第四节　面临的瓶颈与现实挑战

一、基础设施能力不足，难以满足通道发展需求

西部地区普遍属于经济欠发达后发展地区，自然条件恶劣，基础薄弱，投入不足，发展滞后，尤其是以交通道路和港口码头为主的基础设施严重落后，交通网络不发达，通道等级较低，"卡脉子"路段多，通达里程和物资集疏远能力受限。主要体现在：一是在铁路方面，目前，部分重点跨省区铁路处于推动阶段。例如，截至2020年年底，贵阳至南宁高速铁路广西段隧道工程整体开挖进度已接近70%，全线隧道工程整体进度将达到75%，全线桥梁工程的桩基、墩台施工全部完成，路基工程整体进度将超过90%，预计2023年年底全线建成通车。黄桶至百色铁路是国铁Ⅰ级单线电气化铁路，速度目标值160千米/小时，里程303千米，总投资285亿元。其中广西段里程130千米，投资132亿元。该路段于2020年12月正式动工，预计2025年12月建成。焦柳线计划已于2020年全线开通电气化，但是沿线通道铁路电气化率仍然有待提升。

二是在公路建设方面，目前，G69（银百高速）公路建设仍未全线贯通，G85（银昆高速）又称银昆高速公路，全长2322

千米，双向四车道，银昆高速预计2030年才实现全线贯通。因此，高速公路建设亟待加快。在港航设施重点建设方面，目前钦州港基础设施建设，与国内先进港口相比依然滞后。一是港口吞吐能力和规模较小，港口能力未得到充分释放。其中10万吨级以上泊位仅为8个，港口设计年吞吐量仅为1.14万吨。拥有10万吨级的泊位，只能进出10万吨级散货物船，10万吨级集装箱不能全天候满载进出钦州港。邻近的深圳等发达港口货物吞吐量几近港口设计吞土能力的100%，而钦州港货物吞吐量占港口设计吞吐能力的比重达80%。北部湾港口码头等级和专业化水平不高，相关接卸配套设施不完备，口岸基础建设滞后，口岸各联检单位需要的验货场、停车场、隔离用房、消毒池、监管仓库、电子地磅等各类配套设施不齐全、不完善，缺乏物流信息网络平台，导致通关效率慢、耗费时间长。深水航道建设滞后，无法适应船舶大型化的需求。大型船舶进出钦州港需乘潮从东航道进出，且东航道为单向航道，航道能力有限。当前北部湾港外贸航线主要是以东南亚国家为主，出口至欧美国家的远洋航线，货物需要在中国香港和新加坡进行周转，而北部湾港口出口到欧美国家的集装箱量比较大，导致货物中转时间长，物流成本居高等，往往不选择北部湾港。

三是集疏运设施建设不足。目前通过广西北部湾出海口，只有兰渝—渝贵—黔桂—湘桂（柳南段）—南钦铁路至钦州港和西成—成昆—昆南—南钦铁路至钦州港，而且南钦铁路目前还是地方线路，等级较低，客货混用，已趋于饱和，负载能力有限。加上，物流园区规划建设依然滞后。全市尚未建立起一个与港口联动的，具有区域物流组织、集聚和辐射能力的综合性、多功能、集约化的，集现代管理、信息采集、仓储配送、资源配置、中心调度于一体的现代物流园区，物流产业集聚效应不明显，导致组织货源集聚能力不足。通过梳理西部五省市重点港区（水港、陆港、空港）、重点物流园区的铁路专用线可知，运营铁路支线比较欠缺，多由公路进行衔接，降低了铁海联运的物流效率，公路在运输结构中比例依然较大。

四是物流枢纽缺乏统筹规划。在空间布局方面，枢纽设施布局分散、距离较远、相互独立，增加了集疏运成本，对城市建设用地占用较多；在功能组织方面，设施间协同效应不明显，内部缺乏有效分工，部分物流枢纽存在同质化竞争、低水平重复建设问题；在发展路径方面，单个枢纽通过粗放式扩大占地面积而忽略基础设施投入和服务质量，企业入驻少、经济产出低。

五是西部省区与东南亚国家陆海互联互通能力依然显得不足。中南半岛的基础设施建设严重落后，尤其与中国联通的部分，长期以来，中南半岛国家的设施建设倾向于向海而建，联通内陆的并不多，建设等级落后，管理和养护落后。以老挝和缅甸为例，老挝是典型的陆锁国，公路成为老挝与周边国家经贸往来的主要工具，公路运输占到全国运输总量的79%。然而，老挝境内的公路仅有23条，没有高速公路（老挝万象至万荣的高速公路正在修建阶段）。中国进入老挝的公路仅有4条，其中除了磨憨—磨丁（国家级口岸的公路）能全年通车外，其余3条公路受地势复杂和自然灾害等诸多因素影响，很难真正实现全年通车。缅甸的公路密度位于东盟10国的末位，公路网分布极不均衡，全国仅有一条双向四车道的快速公路，其余干线公路基本为砂土路面，部分甚至是由汽车碾压而逐渐形成的自然路，加上政府财政投入公路安全防护工程建设不足，缅甸公路安全保障能力非常差。仅2017年，缅甸交通事故的死亡率是11%，远远高于东盟10国的平均交通死亡率。交通技术标准不一。铁路方面，中国使用的标准铁路轨距为1435毫米，而中南半岛国家均以1000毫米为主。统一中国与中南半岛国家的轨距需要对原有轨道进行大规模的改建，目前尚不具备可行性，只能通过货物转运来实现不同轨距的货物运输，而不同轨距列车的转换必然降低国际铁路的效率。以广西南宁到越南河内的国际铁路联运为例，由于越南河内到谅山同登的铁路路段为混合路轨（1000毫米与1435毫米混合），中越铁路运输必须要在中国的凭祥站和同登车站进行车皮换装或换轮作业，既耗时又导致货物运输成本高企。虽然中老、中泰铁路采用中国的标准，但真正实现无缝对接尚需时日。此外，车辆标准也不一致。比如，中越两国对箱式货车长度、车辆最大轴负载以及发动机的发动机排放限制标准不一。中国规定大型汽车长度为16.5米，车辆最大轴负载为11.5吨，中国实行欧Ⅳ标准，而越南、老挝和柬埔寨规定大型汽车长度不得超过12.2米，泰国和缅甸规定大型汽车长度是20米，车辆最大轴负载为10吨。由于通关费用是以车次计取，越南、柬埔寨和老挝的汽车车型小，运输成本高企加大了跨境物流运输业务的运营成本和负担。在航运标准方面，目前中国与中南半岛国家之间的航运规则与标准不协调，海关合作力度不够，海上船只运输透明信息度不够，早年虽然签订了《中国—东盟海运协定》，却存在仲裁制度的缺陷。这些都是陆海贸易通道建设中，中国需要与中南半岛国家通过政策协商而尽早落实到统一合作的迫切问题。

二、通道跨区域协同不足，制约通道互联互通水平提升

西部陆海贸易新通道建设所涉及的地域范围已扩散到"一带一路"倡议所涉及的领域，并不是固定，它将随着时间的推演和贸易关系的演变逐渐扩展。此时西部陆海新通道建设需要建立沿线跨区域机制和平台，加快西部陆海新通道互联互通进程。

当前西部陆海新通道跨区域协同程度不足，主要体现在：一是政策沟通渠道单一，缺乏长效机制，导致信息传递不及时。过往的经验表明，政策沟通渠道单一，缺乏常态化机制，就容易导致信息传递不及时，而信息传递不及时就容易造成各参与方对通道建设信息掌握的偏差，常常导致误判因而错失建设重大机遇，甚至会引起形势误判。当前西部陆海新通道政策沟通以国家领导人的非定期会晤为主，政策沟通具有随机性和不确定性，造成通道沿线国家对中国尤其是西部地区省区市出台的政策措施、建设进度以及取得成果存在不同程度的信息不对称，对通道建设的重大机遇认识不足，参与通道建设积极性不高，进而滞后了西部陆海新通道互联互通的进程。此外，西部陆海新通道政策沟通中缺少有效的社会组织和社会力量，政策沟通的参与面过窄，不利于政策的完善和执行。

二是尚未建立有效的通道跨区域协同合作机制。目前达成的西部合作框架协议，均是方向性、意向性、非细节性的合作文件，涉及西部陆海新通道建设广度、深度乃至执行"硬度"

方面的内容非常有限,尤其是在西部陆海新通道上升为国家战略后,需要加强沟通协调的事项很多,包括对沿线各省区市在物流、产业合作、经济等多个领域。然而,尚未建立起有政府主导、多方参与且相对固定和权威的现有的跨区域协同合作机制和合作平台。这样导致的后果是,通道沿线各省区市在通道建设中的功能定位依然不够明确,对通道发展方向的认识不一,推进力度也不一。例如,广西在参与西部陆海新通道建设中,提出引导重庆、贵州等省市,北部湾以北部湾港为基地,设立向海经济飞地,但实际上飞地经济仍在探索中,并未取得实际成效,而且也难以集聚这些地区的力量建设通道。根据以往的经验表明,在跨区域协作初期,各省区市参与建设拥有着较高的积极性和热情,但是随着时间的推移,缺乏有效的协作机制和平台,往往会出现各省区市积极性高低不同的"剃头挑子一头热"现象。此外,西部陆海新通道建设过程中,数字化、信息化应用程度有待加快提升,目前无法及时对货物信息追踪与更新,影响了通道沿线地区信息化协同度。通道沿线各省区市大多数的物流园区的信息系统各自为政,缺少信息交换、共享的通道和平台,很难进行有效的多式联运的运力整合。

三是跨境协作有待提升。建设"国际贸易单一窗口",有助于提高国际贸易供应链各参与方系统间的互操作性,优化通关业务流程,提高申报效率,缩短通关时间,降低企业成本,促进贸易便利化。当前中央层面依托中国电子口岸平台,以"总对总"方式与各口岸管理和国际贸易相关部门系统对接,实现信息数据互换共享,开展国际合作对接。目前除中新合作项目明确重庆"国际贸易单一窗口"为参与方外,尚未建立与其他国家的国际物流信息互换机制,造成数据脱节、互联互通困难。就进出口企业而言,无法掌握跨国货物实时通关情况,货物在沿线沿途如遇通关障碍,因缺少政府层面的政策协调、政策评估等统筹协调机制,企业无法及时解决困难。

四是跨境监管标准不一致。由于陆海新通道不同运输方式、不同区位节点、不同经营主体之间的衔接度有待加强,标准不一致、互联互通水平较低等问题比较突出。据调研反映,越南等境外海关对集装箱的备案手续繁琐,每个集装箱每次过境都需办理备案手续,且每次收费人民币2000元,给企业造成较大负担。此外,跨境运输标准不统一。例如,国际集装箱货物运输的箱型主要为20英尺或40英尺,而东盟各国集装箱运输的箱型主要是45英尺,从而影响货物多式联运的连贯顺畅,增加了物流成本。

五是AEO国际互认合作需进一步增强。AEO是Authorized Economic Operator的简称,即"经认证的经营者",由世界海关组织所倡导,通过构建海关与商界伙伴合作关系,来实现全球供应链贸易安全与便利的目标。"经认证的经营者"(AEO)制度是世界海关组织(WCO)倡导的,为实现《全球贸易安全与便利标准框架》(以下简称《标准框架》)目标,旨在通过加强海关与海关、海关与商界以及海关与其他政府部门的合作,从而促进全球供应链安全与贸易便利化,实现关企互利共赢、贸易畅通的一项制度。中国海关近年来积极推广"经认证的经营者"互认合作,截至目前,已与新加坡、韩国、欧盟、中国香港、瑞士、以色列、新西兰、澳大利亚、日本、哈萨克斯坦、蒙古、白俄罗斯、乌拉圭、阿联酋、巴西等15个经济体的42个国家和地区签署了AEO互认安排，其中包括18个"一带一路"沿线国家。

调研反映，企业希望拓展与通道沿线国家和地区海关AEO国际互认合作的层次和范围，扩大与通道发展紧密相关的AEO认证企业的规模数量。

三、沿线相关产业支撑能力仍需进一步提升

当前，陆海新通道建设进程中，与通道沿线相关产业发展能力明显不足，主要表现在如下方面：一是产业格局规划不合理。有资料统计，西部陆海新通道沿线省区市的主导产业依然是集中于农林牧渔业、批发和零售业、矿产资源开采加工业等传统领域；电子信息、大数据等新兴产业除重庆、贵州具有一些规模外，其余省区占比较少，部分省区甚至可以忽略。产业结构趋同现象及危害产业结构的趋同是指各地区产业结构发展过程中表现出来的某种共同的相似倾向。产业结构的趋同，导致西部陆海新通道沿线省区市出现经济学中的"囚徒困境"，主要表现在：不能发挥沿线省区市的比较优势，从而造成资源优势的巨大浪费；沿线省区市产业结构的趋同，不仅在长期内不利于地区经济的发展，而且会扭曲产业结构，使整个国家的产业结构的优化难以实现，不利于提升这些地区的发展质量和水平。

二是保税物流体系建设有待完善。当前通道沿线省区市保税物流体系建设水平较低，在全国保税物流中的优势并不明显，在建设中存在着诸多问题，主要表现在：保税物流监管区建设

的数量与沿海省区相比显得明显不足；面临广东、海南等周边省区的保税物流网络体系激烈的竞争；保税物流体系建设发展思路未能完全与中国东盟推进经贸合作迈向更高层次发展战略相结合，未能完全提升到与泛北部湾经济合作，大湄公河次区域合作和中越两廊一圈经济合作相互融合的高度进行建设，导致其为促进中国与东盟国家区域经济一体化提供强有力的支撑功能不明显。此外，对保税物流体系建设服务于产业发展的理念，部分省区市的定位不清，把保税物流体系建设等同于产业发展。部分政府部门在保税物流体系建设中，存在过多地强调政府职能作用的发挥，而忽视市场在保税物流体系建设中的配置功能。

三是跨境电商发展仍然需要加快。沿线省区市的基础设施建设依然滞后，极大地制约着跨境电商产业的发展。港口、机场等基础跨境物流设施缺乏，网络基础设备建设差距较大，给沿线省区市跨境电商的发展带来了困难。人才洼地效应不明显，导致专业人才匮乏。沿线省区市高校虽然已经开设跨境电商课程，但大都缺乏实际操作和培训，大部分知识还停留在理论方面。更重要的是，沿线省区市人才流失严重，大部分人才选择去跨境电商平台规模大、层次高的东部城市发展，专业性人才的稀缺极大地制约了上述地区跨境电商产业的发展。此外，跨境电商产业聚集效应需要进一步加强。沿线省区市建立跨境电商综合试验区数量有限，跨境电商企业分散，规模小层次低，无法形成规模效应，不利于产业创新孵化、跨境电商人才培养和资源的有效利用。加上沿线地区企业以生产电子、服装、户外用品等为主，产品类型集中，同质化严重，缺乏足够的竞争力。

四、现代物流体系尚未完全建立,货物集散能力有待提升

当前沿线省区市的大部分物流产业发展依然滞后,尤其是部分省区市公路物流费用收取关卡环节较多,实际上阻碍着物流和通道真正畅通起来。同时,西部陆海新通道腹地经济相对落后,本身支撑产业较少。由于经济发展和产业联系推动货运需求,通道各地区相关产业和物流业的发展成为通道高水平建设发展的关键。云南、广西、贵州、甘肃等西部省区属于经济欠发达地区,产业发展相较于全国来说基础薄弱,经济总量较小,市场化水平还处于初级阶段,非国有经济没有发挥出其巨大的经济带动作用。资本、技术和劳动力等要素市场化没有完全成形,自由流动性缺乏,对外开放力度还有待进一步提高,腹地经济不发达实际上限制了港口经济的快速发展,同时也导致没能真正形成新通道货源的内生动力。

五、政策红利应用不好,制约了通道的集聚效应

例如,重庆特殊监管区域发展以加工制造为主,在研发设计、检测维修及销售服务等方面仍有一定差距,区内产业结构单一,不利于产业提档升级高质量发展。对于通道沿线国家市场需求研究不够,与国内周边省份产业发展互衬互补不深,市级相关产业政策也较为分散,没有统筹规划形成有效合力。针对产业落地和培育针对性政策不足,对货物贸易、服务贸易吸引力不足,没有形成更强更优的产业落地和服务贸易、货物贸

易聚集。在提升新通道的吸引集聚能力方面，改革创新的牵引作用没有充分释放，监管服务政策创新方面步伐不大，政策支持效应发挥不好。通道"过道贸易"特征明显，通道对产业、企业、要素的集聚推动作用尚不明显，通道发挥牵引西部地区高水平开放，高质量发展的战略引擎作用尚未真正发挥。

营商环境有待进一步改善。营商环境是西部陆海新通道建设高质量发展的重要保障。然而，西部陆海新通道各省区市营商环境参差不齐。其中，既存在营商环境较好的地区，也有营商环境较为落后的地区。整体上，虽然西部陆海新通道建设以来，通道沿线各省区市也认识到自身营商环境的不足，在结合自身优势、着力探索扩大开放的特色之路的过程中，进行了无水港、口岸作业区、口岸后续监管点、保税仓库等口岸功能区探索，取得了一系列体制改革和机制创新成果，但受制于地理区位、开放理念、制度约束等诸多因素，西部陆海新通道的营商环境与发达沿海地区以及国际先进水平存在明显差距，开放程度低、行政效率较低、审批事项过多、服务水平较弱，一定程度上限制了西部陆海新通道高水平开放经济格局的构建。根据2020年中央广播电视总台编撰的《2019中国城市营商环境指数评价报告》（这是第一份由国家主流媒体发布的第三方营商环境权威报告）公布的结果，西部陆海新通道主要城市中只有6个城市跻身于全国经济总量前100城市营商环境指数排名表，成都市是唯一的跻身全国经济总量前100城市营商环境指数位列前10位的西部陆海新通道主要城市，重庆市排在了第22位，贵阳、南宁、昆明、乌鲁木齐等城市均排名位列25名以外。

表4—2　西部陆海新通道主要城市营商环境排名情况（2019年）

排名	城市	营商环境指数
1	成都	78.12
2	重庆	67.96
3	贵阳	63.46
4	昆明	63.41
5	南宁	48.96
6	乌鲁木齐	48.40
7	呼和浩特	44.52
8	兰州	44.16
9	柳州	33.46

（资料来源：《2019中国城市营商环境指数评价报告》）。

六、自然条件的障碍

以往的跨区域通道建设，比如亚欧大陆桥大多是沿着纬线进行，在同一气温带内，因此较为容易建设，而陆海新通道是沿着经线进行，是跨气候带，跨自然带的建设，因此难度很高，对技术条件的要求很高。它主要面临如下因素的制约。一是气候因素。随着全球气候变化引起的极端天气气候事件增多，中南半岛地区的洪灾、干旱、风暴等气象灾害及泥石流、滑坡等次生山地灾害发生频率呈逐步上升态势。尤其以洪涝灾害为甚。受热带季风、台风及气候变化、厄尔尼诺等影响，中南半岛地区尤其是湄公河流域国家常常遭遇不同程度的洪涝或干旱灾害。

其中，洪涝灾害占这些国家自然灾害总量的70%至80%。洪涝灾害对流域内国家的公路、铁路、水路等交通基础设施的可持续发展造成重大威胁。越南受海洋性气候的影响，洪涝灾害最为频繁且受灾面积范围广泛，尤其是越南中部省份常常遭受暴雨洪水来袭，不仅严重威胁平民生命财产安全，而且还常常导致其交通基础设施受损。老挝洪灾主要发生在中部地区，每年发生次数平均在10次，其他大部区域发生次数在7次以下。2018年7月，老挝经历了持续一个月的暴雨和强风，造成的大范围洪灾不仅导致数百人伤亡或失踪，而且还导致老挝首都万象的部分地区以及华潘、川圹、琅勃拉邦、沙耶武里等省份的道路和桥梁严重受损。泰国遭遇的洪灾主要集中在其沿海地区，这些地区每年发生次数在12次以上，湄公河流域部分区域洪灾次数多在1至2次水平，少数省份达到4至7次。缅甸与柬埔寨等其他中南半岛国家遭遇洪灾次数较少，但缅甸暴发洪灾主要集中在西北地区，这些地区主要是山区，山区遭遇洪水和暴风雨常常导致崩塌、滑坡、泥石流等衍生灾害，衍生灾害之间出现相互影响，直接加重洪涝灾害的影响，导致道路受损严重，经常处于中断状态。柬埔寨位于湄公河流域中下游，地势平坦，热带气旋引起的持续暴风雨，加上河流洪涝排水不畅常常造成河流洪水泛滥，是柬埔寨国家洪灾的主要原因。2020年10月，柬埔寨因强降雨造成的洪灾让柬埔寨全国20个省份和直辖市的121个市县区的基础设施遭遇不同程度损坏，柬埔寨政府不得不耗费巨大的财力、物力、人力维修和重建交通基础设施。

此外，陆海新通道的铁海联运航班全程途经北部湾海域。北部湾海域是台风、暴雨、大风等灾害性天气多发区域，台风和冷空气大风引发的灾害性海浪、风暴潮等海洋灾害给北部湾的海洋经济发展带来很大的安全隐患。其中，灾害性海浪在北部湾近海常掀翻船舶，给海上航行带来危害。据统计，2015年至今，北部湾海域平均每年发生的灾害性海浪达到2次，发生灾害性海浪以夏秋两季居多，占了总数的80%。台风和冷空气是引发北部湾灾害性海浪的主要原因，夏秋两季的灾害性海浪主要由台风引发，冬春两季的灾害性海浪主要由冷空气引发，通常情况下，台风引发的灾害性海浪因时间长、强度高对北部湾海上航行带来的危害也最大。与此同时，北部湾海域是中国沿海主要的海雾多发区之一，年均海雾日数达到20天以上，且多为平流冷却雾。海雾是一种灾害性天气，据统计海上船舶之间的碰撞事故80%是因雾导致能见度不良而引起的。由于北部湾海雾是由暖湿空气流经冷海面、近海面空气冷却达到其露点温度而形成雾。每年12月至次年4月，北部湾海域常常出现伴着蒙蒙细雨的海雾天气，海雾天气形成后，在一定的条件下，可深入内陆几十甚至几百公里远，造成沿海地区出现低能见度的大雾天气，海雾天气会降低海上或沿海能见度，严重影响北部湾海域海上交通、船舶航行、海洋捕捞等各类海上活动，一定程度上影响到西部陆海新通道铁海联运常态化稳定运行。

二是地形因素。中南半岛地形结构的特点是：山河相间，南北纵列分布，加上半岛基部地势较高（掸邦高原海拔约2000米），地形结构形如掌状。掸邦高原被南北纵行的河流切割，分为几部分。在湄公河和红河之间的老挝高原，平均海拔1200米。长山山脉北起老挝高原，南至胡志明市以南，呈向东突出的弧形或S形，山脉在中生代末已准平原化，后又有隆起，今为断层地垒式山地，全部与海岸平行，东侧较陡，西侧较缓。湄公河与萨尔温江之间为清迈高原，多纵列山脉和纵谷地形，并南延为他念他翁山脉。中南半岛的主要山脉包括那加山脉、若开山脉、登劳山脉、他念他翁山脉、比劳克东山和长山山脉等。这些山脉走向一致，山高谷深，加上当地气候湿润，在山脉之间多发育有河流，形成山河相间的奇观。这些河流大多自北向南流动，形成山脉和河流南北纵列分布的特征，并且河流不断地侵蚀山脉之间的河谷，加大落差。缅甸西部边境有那加山脉和阿拉干山脉，东部为掸邦高原，中部是依洛瓦底江平原，南部有丹那沙林山地。两旁有山脉环绕，中央地区从北向南的冲积平原，是缅甸的农业核心区，常常伴随着充沛的雨水滋润。老挝境内大部分为山地和丘陵，山地约占全国面积的80%，地势自东北向西南倾斜。湄公河自北而南纵贯全国，为最大河流，沿岸有若干小型平原，在老挝境内的大部分区段是和泰国、缅甸的界河。南乌河是湄公河在老挝的最大支流。东端有安南山脉与越南相隔，西北有琅勃拉邦山脉和泰国西北高地相隔。上寮地区地势最高，有"东南亚屋脊"之称；川圹高原号称"老挝屋脊"，其南边的普比亚山海拔2818米，为全国最高峰。而在老挝南部则有布拉万高原。越南境内有长山山脉，山脉之间为丘陵和高原地带以及冲积平原。柬埔寨大部分都是平原低地，中部是洞里萨湖盆地和湄公河低地，东南部属于湄公河三角洲。西南部的豆蔻山脉东部的奥拉山海拔1810米，是全国最高点。源自豆蔻山脉的象山，向南与东南延伸，高度介于500至1000米。这两个区域地势多为500至700米。西南的豆蔻山脉和北方的扁担山脉之间，是洞里萨河的延伸区域，广至泰国境内的平原，是前往曼谷的便道。扁担山脉横贯柬埔寨与泰国的交界处，绵延300多千米。东北部一角为偏僻的山区，一直延伸到越南中部和老挝。西南部濒临泰国湾，有435千米长的海岸线。泰国北部为山区，东部为呵叻高原，中部为湄南河平原。中南半岛由于山脉呈南北走向，促使半岛地区自古以来，东西交通不便，人们多沿南北走向的山脉而来往，所以中南半岛上的国家多沿山脉划分，国家形成呈南北长条状分布，其中越南和老挝是最为典型的代表。

总之，中南半岛地形总体是多山地丘陵，纵向分布，山河相间，地貌条件复杂。复杂的地形条件增加了西部陆海新通道建设和日常维护的难度。以陆海新通道跨境公路运输中线的云南磨憨至老挝万象的公路段为例，这段公路沿线80%多为山地和高原，随后还要经过山间盆地，一路上隧道和桥涵数量众多，雨季来临，时常发生山洪、塌方、泥石流等灾害事故，导致道路受损严重，经常处于中断状态。

七、地缘政治挑战和风险制约合作的推进

西部陆海新通道在覆盖地理区域不断扩大的过程中，也会不可避免地触动和引起地缘政治变化以及产生更多不确定性，甚至会出现一些始料不及的后果。其中的一些变化和影响，对中国来说将会是挑战和风险。

一是基于政治历史、现实利益、战略诉求等诸多因素的影响，部分周边邻国对华心存疑虑和戒备。从地缘政治角度出发，大国权势因地理距离相近而增加。由此大国权力周边的小国出

第四章 西部陆海新通道建设高质量发展的现实基础

于安全自保,往往对大国权力疑惧和戒备较重。即使这些国家可以从中国发展中获得巨大的利益和实惠,但它们又会担忧其与中国密切经贸合作中形成对华经济的过度依赖,最终形成一种对自身不利的后果。越南正是典型的例子,与中国接壤让越南感到喜忧参半。一方面,古代越南深受古代中国深厚的文化影响,让越南成为亚洲国家中最中国化的国家,其民族国家建构或多或少受到影响;另一方面,如何防范和应对中国成为越南执政者战略考量的核心问题。正如安德鲁·巴特菲尔德认为,"越南为中国在周边地区产生的过度影响力和统治而心存疑虑"。近年来,随着中国的经济崛起以及中国在南中国海军事影响力的增强,越南对华疑惧急剧上升,2014年5月爆发的"981"钻井平台事件引发的越南国内大规模暴力排华事件,被认为是越南国内反华民族主义情绪高涨的集中体现。尽管现在中越关系早已走出低谷,并出现缓和甚至大幅回暖的态势,然而越南国内依然不乏反华民族主义的消极情绪,"中国威胁论"仍有一定市场。对华关系问题已成为相关国家各派政治势力较量的筹码,当权者往往被民意所左右,这都将或多或少地影响越南参与合作的力度和广度。尤其是在内外部势力推波助澜下,中国的部分企业在涉及土地、港口等"战略领域"的投资项目上不断遭遇风波。比如,2018年6月中旬越南多地发生大规模反华游行便是实证,使多家中资企业蒙受损失。因此,正是类似越南这样的东南亚邻国对中国战略疑虑,让中国与东南亚国家在共建西部陆海新通道建设进程合作中面临一定的不确定性。

二是国内政治环境稳定性。《西部陆海新通道总体规划》中提出西部陆海新通道建设发展目标之一是,"加强通道对外开放与国际合作"。具体强调"加强与周边国家协商合作";"提升我国西部地区与东南亚地区的互联互通水平"。这里指的"周边国家"和"东南亚地区"的重合的地区,正是现在的中南半岛地区。西部陆海新通道建设高质量发展,重点是加强与中南半岛地区各国的协商合作,从而带动上述各国的共商共建共享国际陆海贸易新通道,率先提升中国西部地区与中南半岛地区各国的互联互通水平。然而,中南半岛地区各国存在着不同程度的政治不稳定和变动因素。泰国和缅甸国内就曾经发生周期性政权变更引发政策变动,或者政治势力在激烈的政治斗争中发动针对性抗议,常波及中国企业的项目投资安全,极易产生政治风险。例如,缅甸政局变动导致密松大坝项目搁浅,泰国政局变动导致中泰"大米换高铁协议"落实困难 。与此同时,缅甸自2010年开启民主化进程之后,缅甸政府与军方关系相对稳定,但围绕缅北局势各方分歧难以弥合,缅甸西部的若开邦危机,已经导致上百万名信仰伊斯兰教的罗兴亚人难民涌至邻国孟加拉,以逃避缅甸军方对他们的镇压。而缅甸国防军与缅北掸邦、克钦邦等地民族武装之间的冲突,已导致数万平民撤离。目前,泰国政坛在"红黄对立"与代际分化的双重裂痕影响下,已经形成了"挺巴育"与"反巴育"两大阵营对峙、中小政党居中制衡的复杂格局,泰国这种政治分歧的局面使现有泰国政府在共建项目合作的决策与落实能力上受到限制,给美国"印太战略"提供口实,一定程度上影响中泰合作的和谐氛围,对双方合作共建西部陆海新通道建设带来挑战。老挝的政府市场经济体系不健全,监管水平较低,威胁着老挝经济的持续健康发展;同时,老挝典型的陆锁国问题,严重制约了老挝的对外贸易发展；加上国内存在有法不依，执法不严的现象，政府管理效率较低，外汇管制方面问题丛生，国家经济发展脆弱，抗击外部冲击能力差。

近年来柬埔寨国内的环境保护主义有所抬头，尤其在美国等西方国家背景的非政府组织鼓动下，部分不明真相的民众被煽动起来对中资企业投资项目进行抗议示威，试图给政府施加压力。其中，2013年中国国电集团投资的柴阿润水电站因遭受当地村民、僧侣和非政府组织的抗议不得不暂停建设。柬埔寨国内环境民族主义的持续发酵，将对柬埔寨参与陆海贸易新通道具体合作项目的合作与开展构成威胁。

三是域内外国家介入可能影响合作推进。随着2013年中国政府提出的"一带一路"倡议得到了中南半岛各国的积极响应与一定程度上的有效对接，中国和中南半岛周边国家命运共同体理念愈加深入（尤其是"澜湄命运共同体"理念的提出），为中国重塑周边国家关系营造了良好的地区环境，美国和日本等域外大国不会无动于衷。首先，美国金融危机以后奥巴马政府提出的"亚太再平衡战略"，将中南半岛视为主要防范对象——中国重要的"前沿阵地"，美国的亚太强大同盟体系持续性地对中国形成战略和军事安全上的压力，一定程度上限制了"以经济促政治"的政策有效推进，曾导致中国与部分中南半岛国家的关系频遭挫折，政治互信不足。因此，美国是最大外部干扰因素。2017年底和2018年初，特朗普政府联系出台的《美国国家安全战略报告》和《国防战略报告》，将中国定性为"修正主义国家"和"战略竞争对手"，提出"印太地区"概念，加强与印太地区的传统盟友的安全关系，意味着美国的对华政策从过去的"接触加合作"转向"规锁"政策的重大转变。同时，为加大对中国地缘政治围堵，美国加大了对越南、老挝等中南半岛各国的拉拢，并试图将中南半岛地区作为实施印太战略对华遏制的桥头堡。美国采取的这些措施，无非是进一步巩固其在亚太地区领导权和影响力，但某种程度上也迎合了部分东南亚周边国家因担心中国崛起主导地区事务的防范诉求。2018年，随着中美贸易摩擦持续升级，中美战略竞争进入长期化，加上新冠肺炎疫情下中美关系脱钩趋势强化的大背景，可能会导致未来中南半岛各国面临"选边站队"的问题。有分析人士认为，拜登上台后，拜登政府是否会坚持特朗普政府实施的"自由开放"印太战略尚待观察。然而，即使对印太战略进行更名，拜登政府很大程度上也会继续沿袭特朗普政府时期在该地区的大部分做法，包括强化在该地区的军事存在，巩固与该地区国家的盟友和伙伴关系，对南海政策大致方向不变。

日本是中国在中南半岛地区另一个重要的竞争者。冷战结束后，日本在中南半岛地区实施"陆地走廊"联通战略，并主要通过依托日本企业、输出国内治理模式以及设立环境关联中心等落实战略运作。印度也试图通过"湄公河—印度经济走廊"与中国在该地区进行战略博弈。

总之，随着中美战略博弈的继续加深，域外大国对该地区的干预度持续加强。如何在加强政治经济合作的同时，减少大国博弈可能带来的不利影响，成为西部陆海新通道建设面临的一大挑战。

八、融资问题相对比较突出

（1）通道沿线国家融资环境复杂。主要体现在如下方面：一是沿线国家资金缺口大。通道沿线国家的大多数基础设施项目建设均由政府开发和融资。这样，交通基础设施建设严重依赖有限的国家财政。而通道沿线国家大多处于国家工业化发展初期阶段或者起飞阶段，经济实力有限，甚至还有国家被联合国列入最不发达国家行列，例如，老挝和缅甸，财力有限是阻碍这些国家发展交通设施的重要瓶颈，这些国家根本无力花重资修建和完善本国的交通基础设施。二是沿线国家的融资渠道有限和筹资难度大。一方面，世行等多边金融机构虽然积极参与通道沿线国家的基础设施建设，然而其将资金支持与对象国的人权、经济体制等政治经济条件相挂钩，加上其融资审批程序过于繁琐，造成绝大多数沿线国家往往无法及时得到有效融资。另一方面，跨国或跨国界的大型基建项目的审批、评估、管理和后期维护运营涉及诸多复杂情况。比如，这些项目需要两个或多个主权国家支持并在这些国家间进行协调，因为这些国家内部之间往往涉及政治经济利益调整和博弈，绝大多数情况下，国内既得利益者出于自身利益的考量，往往反对跨国合作的互联互通项目。如果是关系到经济社会较落后或者人口流动性较差的地方，比如边境地区的基建往往受到更多的争议或质疑。例如，西部陆海新通道跨境公路——老挝公路运输段的初期使用效率明显低于老挝万象等中心城市地区的公路段，因此从政府中抽出建设财政资金的合理性也受到了老挝国内部分民众的质疑。三是沿线国家均存在投资风险。西部陆海新通道建设涉及额外的项目管理、商业和主权风险，导致其准备周期更长和融资谈判更为复杂。沿线国家基础设施互联互通建设常常因国家政策调整而被延期，或是顺利施工得不到有利保障。虽然通道国际铁路联网建设——中老铁路已经顺利开工，但是在双方签署合作备忘录后也曾数次发生推迟开工时间的事件。四是沿线国家新基建投融资渠道依然有限，目前主要来自中国的双边贷款。虽然中国主导的丝路基金积极推进股权投资，但是通过债务融资，基础设施进展面临更多的制度性困难，因此，发行债券来支持对外数字基础设施投资的项目较少。加上人民币的贷款利率比较高，所以融资成本也比较高。更为关键的是，部分沿线发展中国家的负债率较高，贷款回报周期长，风险高，企业往往不愿意提供贷款。例如，通信施工企业，往往不能通过土地、建筑物等作为抵押来获得贷款。中国对沿线国家数字基础设施进行直接投资，不可避免会产生数据的跨境流动，这又会给个人隐私、国家安全以及跨国公司的利益带来影响。此外，次贷危机后，全球经济复苏前景阴霾不定，贸易保护主义抬头，相关国家又因此发布了有关限制外国直接投资的政策，外资准入的审查风险增大。例如，美国参议院于2020年2月27日批准通过《安全和可信电信网络法》，将禁止使用联邦资金从中国华为和中兴等被视为威胁国家安全的公司购买电信设备。[1]部分沿线国家会对数

---

[1] "Wicker Statement on Senate Passage of Secure and Trusted Communications Networks Act", https://www.commerce.senate.gov/2020/2/wicker-statement-on-senate-passage-of-secure-and-trusted-communications-networks-act.

字基础设施的投资审查、监管力度加强,不排除有些沿线国家会采取类似美国的做法,对数字投资做出限制。

(2)沿线金融合作和创新服务均滞后。推进西部陆海新通道建设高质量发展,意味着中国西部地区更多企业走出去,到通道沿线国家投资,同时也将引进来更多沿线国家企业到中国西部企业投资。这就需要在"引进来"和"走出去"的过程中提升更多金融合作力度,提供更专业化的融资服务。然而,目前通道沿线国家主要是基于官方层面的金融合作,而非来自金融机构的市场化运作。此外,中国金融开发性机构是对沿线国家投资的主力军,或者是国有商业银行以设立分行和代表处的方式进行工作,尚处于初级阶段,进行的只是原始放款业务,在境外不设立有专门的法人资格银行,这样会造成无法真正融入到对象国的商业活动中。同时,以互联网技术和信息技术为载体,传统金融在资金融通、支付、投资和信息中介服务等方面实现了颠覆性的改造。依托于数据产生、数据挖掘、数据安全和搜索引擎技术,社交网络、电子商务、第三方支付、搜索引擎等为互联网金融提供了庞大的数据量,互联网金融可以让传统金融业务具备透明度更强、参与度更高、协作性更好、中间成本更低、操作上更便捷,更符合现代化商业环境下中小企业的融资需求,便利企业跨境投资结算和有效解决中小企业融资困境,提高金融服务效率和质量等特殊优势。然而,当前通道沿线绝大多数是发展中国家或经济欠发达国家,互联网通信基础设施相对落后,互联网金融应用较为滞后。加之出于经济主权安全的考量,沿线国家对发展互联网金融持较为谨慎态度,这在一定程度上阻碍了互联网金融服务通道建设,限制了更多中小微企业参与通道建设的积极性。

第五章

西部陆海新通道建设高质量发展的主要内容

第五章　西部陆海新通道建设高质量发展的主要内容

第一节　西部陆海新通道建设高质量发展的基本内涵

随着新发展格局战略不断推进落实，对我国重塑对外经济优势，形成更高水平的对外开放，经济"双循环"互动提出明确的方向和要求。西部陆海新通道建设主动融入"双循环"新发展格局战略，获得了前所未有的高水平对外开放机遇，同样也是实现西部陆海新通道经济高质量发展的现实需要。党的十九大首次提及"高质量发展"，其表述为我国"经济已由高速增长阶段转向高质量发展阶段"。实现陆海新通道高质量发展，实质是立足陆海新通道建设现状，加快形成通道网格化布局，充分激发西部内陆地区内需潜能，建立推动通道可持续发展的动力机制，打造更高水平的对外开放新高地，秉持包容性增长的发展理念，最终实现陆海新通道优化升级，带动内外区域双循环，实现高水平开放，并且能够让参与各方充分获得共享高质量发展带来的实惠和成果。对于陆海新通道高质量发展，其内涵主要体现在以下六个方面：

（1）形成通道网格化布局。加快带动内外区域双循环。由于陆海新通道兼具由陆及海、以海带路、强陆促海、陆海联动等特点，决定了实现陆海新通道高质量发展，应加快推进新型多式联运网络建设，最大限度发挥运输成本较低的水运、运输量大的铁路运输、灵活机动的公路运输、快速便捷的空中运输多重优势的立体式综合运输体系，形成由完整的物流产业带动贸易聚集的系统，带动大量新增贸易，实现贸易平衡的经济发展引擎。同时，由于陆海新通道北接丝绸之路，南连21世纪海上丝绸之路，向东衔接长江经济带，决定了陆海新通道建设在推进内外区域双循环发展格局中的特殊战略地位。为此，加快形成以西部陆海新通道主通道为引领、发挥区域中心城市和物流节点城市的枢纽辐射支撑，衔接高效物流通道网格化布局，有助于陆海新通道发挥带动内外区域双循环引擎的作用。然而，现实是西部陆海新通道存在交通基础设施建设滞后、协作机制不完善、不同运输方式、不同区位节点、不同经营主体之间的衔接标准不一致、互联互通水平较低等问题，制约通道网格化布局发展和互联互通水平。因此，今后应加快形成以重庆为枢纽，明确的南北主通道带动的经济走廊和辐射区域，通道干线和支线、节点和次节点，各通道高效联通与接口的网格化布局。这有助于对内实现联贯大西北与大西南，而且还可以促进我国西部地区相关省区市与东部发达沿海地区相互开放、产业合作，调动西部相关省区市主动性与东部发达地区参与积极性，取长补短，优势互补。同时，对外畅通我国西部相关省市区与东南亚地区，实现西部内陆腹地与东部沿海地区开放、沿边对外开放、向海开放的协同推进。

（2）激发西部地区内需潜能是通道建设高质量发展的战略立足点。"双循环"发展格局是打造以内需体系为主导的内生型动力引擎，是着力扩大内需主体潜力，把满足国内需求作为推动高质量发展的出发点和落脚点，打通影响国内需求的各个节

第五章 西部陆海新通道建设高质量发展的主要内容

点,使内生型动力引擎在国内大循环中得以运转并壮大。谋求"国内大循环为主体"新格局的形成,意味着经历国内市场宽广开发和内需经济持续升级的阶段,使得中西部开放开发成为国内大循环的三大引擎之一,这也是实现陆海新通道高质量发展的重大机遇。转向"国内大循环为主体"发展新战略,意味着西部陆海新通道将成为联通西部内陆经济腹地和东部沿海发达地区的桥梁,提升通道沿线省域的货物和服务贸易自由化水平,加快推动沿线地区市场一体化,不仅有利于通道沿线相关省份产业链供应链得到延伸,分享东部庞大消费市场,而且也有助于挖掘中西部广阔的内需消费市场潜能,是落实《西部陆海新通道总体规划》中提到的"为推动西部地区高质量发展,建设现代化经济体系提供有力支撑"的积极实践。随着陆海新通道建设的走深走实,通道沿线西部相关省份合作共赢空间和潜力愈加广阔,参与各方实现共享与整合,在市场原则下实现更好分工、协同发展,恰逢其时。

然而,当前通道沿线西部省份与东部沿海发达地区产业规划未形成有效互动,加上西部地区存在软硬环境发展不协调、营商环境有待提升和法律体系不完善等一系列有待解决的问题,导致通道市场主体培育不优,制约了通道的扩量增效。更关键的是,通道沿线省份出于各自经济利益考量,设置或显性或隐性不同形式的贸易保护壁垒,形成了程度不一的市场分割,加上沿线省份市场化程度不一和营商环境差异度较大,阻碍了商品和生产要素在各参与方之间的双向流动,影响了通道沿线形成整体市场规模经济效应的功效。因此,实现陆海新通道高质量发展,就是以通道为引擎,促使生产、分配、流通、消费各环节，实现良性循环。同时，充分调动沿线西部省份比较优势，与东部沿海发达地区产能、技术与资金、经验与模式优势结合，转化为市场与合作优势，积极探索通道沿线西部省份与周边省份、东部发达地区产业互补、共商投资、共建基础设施、共享合作成果的新路径，共同参与内外双循环，实现更高水平合作共赢。

（3）具有持续发展动力。实现陆海新通道建设高质量发展，其基本要义是持续不断的增长动力促进高效持续发展。自改革开放以来，我国经济历经长期高速增长后突破经济社会发展结构性矛盾和资源环境约束，实现更高效、更高质量、更持续发展，同时也构成陆海新通道建设高质量发展的重要内涵，即通过内外部动力同时发挥作用，助力陆海新通道建设高质量发展。内部动力主要指通过多式联运系统创新和助力通道运行与物流效率提升，这是促进陆海新通道高质量发展的重要内在驱动力。通过多式联运网络化运营，可以实现不同运输方式的高度协同，做到合理分工、有效衔接、一体化服务，这种协同指的是产业链不同区域、各环节不同主体之间形成高效物流网络，通过网络化运营可以体现物流规模效应。外部动力是经济维度、社会维度等大环境对陆海新通道高质量发展的影响，是确保西部陆海新通道高质量发展的前提，与内部动力相互协同、共同推动西部陆海新通道建设高质量发展，包括技术变革、政策制度的激励和诱导等因素。技术变革对西部陆海新通道建设的推动力来自科学技术，尤其是在互联网时代，云计算、大数据、移动互联网、人工智能、物联网等新一代数字技术为代表的技术革命对陆海新通道产生的影响。主要体现在：一是新兴技术可以降低部分参与通道建设企业的运营成本、技术成本,为企业发展提供更广阔的发展空间,推动通道物流业发展的全面多元化和运输能力提升;二是新兴技术在西部陆海新通道建设中应用与创新,可以贯通通道前中后台,实现全程运输、物流、全要素各端数据和服务共享,例如,数据挖掘方法有助于提升物流业对信息数据量的管理效率,实现物流业组织优化,成为推动沿线产业链高效协同的新动能,加快促进跨区域资源形成全程运输链,推动运输方式发展与创新,加快形成全面物流链,推动围绕沿线跨服务领域形成全要素协同的供应链;三是新兴技术有助于通道沿线西部相关省份产业转型升级,对西部地区产业优化调整发挥重要支撑作用。例如,互联网技术的运用与实践,可推动通道物流业信息化发展,从而加快运输信息处理和传递时间,提高货物流动速度,提升通道整体运输能力。线上数据应用平台的建立为电子商务企业和物流企业提供快速便捷的交易平台,推动物流业向高附加值领域转型升级。此外,物联网技术的逐步成熟发展,不仅为物流企业合作提供技术支撑,而且也有助于物流企业进行整合和协同,实现企业间物流运输和信息资源共享。中央和地方政策对陆海新通道建设的推动作用体现在政策制度的激励和诱导,土地、财政、产业、环境经济等宏观政策对陆海新通道建设产生不同程度的激励与约束,这就需要加大政策创新力度。在"双循环"发展格局的大背景下,陆海新通道高质量发展需要内外动力相互结合和联动,确保能够应对复杂多变的国际环境冲击,实现稳定、持续和健康发展。

(4)实现更高水平的对外开放新高地。经济全球化的深入发展，已让当今世界形成"你中有我，我中有你"的格局，全球市场发展成为一个国际经贸联系紧密发展的共同体。改革开放40多年，我国不断加快对外开放步伐，促进贸易投资自由化便利化，深度融入全球价值链和全球生产网络，由全球经贸规则的参与者转变成为积极建设者，在全球经济变革治理体系中话语权不断上升。不断推进对外开放深度和广度，推动建设开放型经济体制是我国经济保持30多年高速增长的基本经验，也构成陆海新通道高质量发展的重要支撑。"以国内大循环为主体"的双循环发展格局，意味着贯通国内经济循环作为下一阶段政策重心。然而，这不意味着闭门造车，不仅不能关门搞内循环，而且还需要更好地畅通国内市场和国际市场。实现陆海贸易新通道高质量发展，需要通道沿线地区以更积极主动开放的姿态，实现水平更高、范围更广、领域更宽、层次更深的开放。一方面，促使通道沿线相关西部省份更加深度融入全球经贸体系，促使西部地区整体技术进步和产品升级，顺应全球价值链朝着区域化、本土化和邻近化趋势的客观要求；另一方面，秉持开放包容理念，不断扩大国外对我国西部地区的市场开放，更好拓展全球市场空间以及抵御后疫情时代"逆全球化"趋势产生的负面冲击。为此，今后应激活蛰伏的发展潜能，注重培育有较大内需潜力的西部地区市场，吸引更高质量的内外资，对标高水准全球经贸规则以及主动参与塑造全球经贸领域相关规则制定，目的是构建更高水平对外开放型经济体系，作为实现陆海新通道高质量发展的支撑。

（5）秉持包容性发展理念。在当前新冠肺炎疫情全球大流行，经济逆全球化趋势强化，各国内顾倾向明显上升的背景下，

第五章　西部陆海新通道建设高质量发展的主要内容

西部陆海新通道建设，应秉持包容性的发展理念，促进高质量发展。主要体现在：一是秉持协调发展理念。协调发展理念强调通过区域协调发展推动实现空间发展平衡，重点在于统筹通道沿线相关省份城乡平衡发展，经济和社会协调发展，协调西部大开发、长江经济带、粤港澳大湾区和海南自由港战略规划统筹推进。同时，积极推进通道沿线城市群发展，促进城市内部功能的有效整合也会更好带动周边地区发展。二是平等共商，合作互惠。共建陆海新通道各方应秉持"共商、共建、共享"原则，各方以目标协调，政策沟通为主，在追求决策中保持一定弹性和灵活性，各方应共同协商制定电商合作规则和方案，倾听彼此不同诉求，尊重各自国情和现实发展差异，为合作付出"共同但有区别"的努力，共建陆海新通道建设中应注重成果共享价值理念。三是注重战略对接和优势互补。共建各国应注重加强宏观经济政策对话，促进各国间国家战略、发展愿景、总体规划对接，实现战略互补。四是至关重要的一点，秉持安全发展理念。新冠肺炎疫情大流行严重冲击全球产业链供应链，产业链供应链风险凸显。在此背景下，各国纷纷考虑重新配置供应链。任何一方都无法完全与另一方脱钩，但彼此不信任增加对供应链安全的紧迫感。供应链可以发生转移，但并不完全轻易实现。各国为改善供应链而采取的措施缺乏协调，各国解决方案都可能损害另一个国家的利益，地缘冲突有多种实现路径，围绕供应链产生的冲突是新的表现形式。陆海新通道是中国—东盟供应链、产业链的有机载体，因此实现陆海新通道建设高质量发展，应确保陆海新通道运行畅通和效率提升，更重要的还需要确保中国—东盟供应链稳定和产业链安全。

（6）具备更好地塑造中国外部发展环境的能力。改革开放以来，中国经济高速增长与维护良好的外部环境密切相关。推进中国现代化进程，一个和平安定的外部环境是重要外部条件。当前正处于新冠肺炎疫情冲击加速全球未有之大变局时期，这也是中国发展所处的外部环境。分析外部环境，离不开对国际秩序的分析。国际秩序指的是在世界上可以影响到全球均势的这部分地区，对于该地区共同接受的关于公正安排与实力分布理念的实际应用，并且认为秩序是建立在"一套被普遍接受并且做出明确规定的行为界限规则，以及当这一规则受到破坏时也无法征服其他政治单位的均势状态"基础之上。可以看出，制度规则与权力分布是确保国际秩序稳定的两个关键因素，任何一个因素的改变都将导致国际秩序的重新调整。全球秩序出现百年未有之大变局，首先要看到国际环境变化中呈现出的四个深层次趋势性变化，一是国际经济格局深化调整，新兴大国与守成大国相互之间的博弈将加剧，使得形势更趋复杂多变。一方面，守成大国希望分享新兴经济体的发展机遇，期待中国等新兴大国在解决全球性议题、应对全球危机、促进世界经济复苏中分担更多国际责任；另一方面，守成大国为保持领导地位，会采取打压、遏制等措施，加剧与新兴大国的博弈。大国之间持续的互动，导致未来前景具有巨大不确定性，日趋激烈。二是新一轮科技革命和技术革命迅速推进，当前，全球新一轮科技革命和产业变革呈加速趋势，并呈现出"一主多翼"的演进格局。数字技术等新技术的深入发展，将深刻改变国家的比较优势和竞争优势，从而对全球格局产生深刻的影响。三是全球治理体系在深刻转型，各国之间围绕规则主导权的竞争日趋激烈。全球经济治理进入快速变革期,呈现出新的特点:治理主体呈现多元化、多极化趋势;全球性议题和挑战持续增加;治理机制与平台日益丰富;全球经贸规则制定权之争日益凸显,高标准趋势显著增强。随着国际经济和贸易投资格局的变化,全球治理在推进政策措施落实的有效性和适应形势变化的创新性等方面的不足更为凸显,各方推进全球经济治理体系改革的呼声日益高涨。四是新冠肺炎疫情全球大流行,既对当前国际经济运行产生巨大冲击,也会对未来全球产业链供应链产生深刻影响。

可以看到,全球大变局中危和机同时并存,因此,要善于危中转机,化危为机。要做好全局战略性谋划,尤其是注重发挥自身大国经济的影响力,利用西部陆海新通道的优势,更好地塑造中国发展的外部环境,助推中国在逆风逆水的外部环境中及时抓住有利的发展机遇。

在地缘经济中,地理因素是其基本要素,一个国家的地理区位、自然资源会对国家的发展、国家经济行为产生重要影响。地缘经济正是研究如何从地理的角度出发,在国际竞争中保护国家的自身利益。人类在地球上活动受到地理条件的限制。在国家的经济活动中,总是选择临近地区的合作。地域上的连接产生的经济关系称为地缘经济关系。这种关系通常表现为或者是联合和合作即经济集团化。地缘经济对参与经济全球化下各国的影响日益明显,地缘经济已经日趋影响到国家新的政治经济格局中的权力分布状态以及在国际制度规则中的话语权。随着全球经济发展重心加速向东移出,中国加快向西开放,中国通过实施西部陆海新通道战略促进沿线国家基础设施建设,为亚太地区经济发展尤其是东盟地区经济发展提供新的动能。为此，西部陆海新通道建设高质量发展，应推进中国与亚太地区大多数国家经贸关系向前发展，尤其是与东盟经贸合作迈向更高层次更宽领域发展，并与东盟在顶层引领、政策协调、领域合作、项目管理、资金配套、行动指导等领域制度化合作更趋完善，这样有助于促进中国与东盟共建命运共同体，构建中国东盟次区域合作的国际新秩序，进而改变亚太地区的权力分布，为构建新的亚太国际秩序奠定坚实基础的同时，也是为中国发展创造出更好的外部环境。

经济全球化深入发展，使得全球利益网络相互交织，各国相互依存变得更深，国际经济关系是一种互利、互惠的合作博弈关系，各国之间都是以求实、合作的态度来处理问题，在国际次区域合作与经济进入新的发展阶段后，合作参与方之间的增加会导致合作中出现的问题和矛盾也相应增多且变得更加复杂，国际制度安排在处理地区或国际合作事务中的角色愈发重要。相互依赖程度的加深，最终会导致国际制度的产生和变化，制度将为各参与方提供稳定的交易环境，从而保证长期收益和回报。中国与东盟命运共同体具备一定的合作韧性和基础，在次区域合作方面，通过澜湄命运共同体，中国加强与越、老、柬、缅、泰等东南亚陆上国家的制度性合作。中国与海上东盟国家的合作也在持续推进，比如中国—东盟海上互联互通建设、泛北部湾经济合作、中国与东盟东部经济增长区的合作、中国—东盟蓝色伙伴关系等。在中国与东盟组织层面，双方陆海相邻，山水相依，初步形成物理、制度和人员之间的连接。西部陆海新通道建设高质量发展，可以通过加强沿线东盟国家的

第五章 西部陆海新通道建设高质量发展的主要内容

全方位海陆空天网等地理空间的连接，推进中国与东盟更为紧密的命运共同体建设，深入推进各种形式的中国东盟次区域合作，通过经济合作论坛、经济伙伴协定以及自贸协定升级等制度安排，为在后疫情时代中国地缘经济进一步拓展空间。西部陆海新通道建设高质量发展，应加快探索并完善建立多层次、多领域的经贸合作协调机制，进而进一步夯实中国东盟次区域合作的韧性和基础，发挥强大的引擎作用，并借此增强对成员国的约束力，推动亚太新的国际经济、政治制度体系的建立，让中国在国际新制度和规则中占据引领地位。

受部分东盟国家现实利益和战略诉求造成对华存在疑虑戒备，各国存在不同程度的内部矛盾以及域外大国力量的干预等诸多因素影响，中国与东盟国家开展次区域合作会面临一定的不确定性。作为战略定位为"一带一路"陆海相联战略通道，西部陆海新通道主要通过物流、基础设施、重点项目等方式推动次区域合作，优先支持道路、桥梁、电力等次区域性基础设施建设项目合作，是跨国界的深层次的战略合作，因此推动新通道建设高质量发展，应注重强调第三方市场合作为合作形式，第三方可以被赋予更多的主动权，发挥更加重要的作用，并通过战略对接、规划衔接来构建沿线互联互通伙伴关系网络，有助于在共商共建共享的基础上塑造中国发展外部环境。

第二节 西部陆海新通道建设高质量发展的支撑要素

西部陆海新通道建设高质量发展的基本支撑要素分为国家层面和项目层面。国家层面的基本要素指的是政策沟通、设施联通、贸易畅通、资金融通、民心相通，涵盖了西部陆海新通道建设沿线国家合作领域。还包括中国与沿线国家贸易合作的社会贡献度、经济贡献度、机制建设。在"一带一路"倡议实施推动下，需要有更多的企业参与，通过不同合作项目，从而深化中国与沿线通道国家贸易合作和促进中国对东盟贸易发展。项目层面的基本要素有债务融资、投资效益、绿色发展、包容性发展、第三方市场合作、技术创新、商事仲裁、风险防范。

一、国家层面

（1）政策沟通

政策沟通是西部陆海新通道建设高质量发展的重要保障，是深化中国与沿线各国经贸合作的重要先导。政策沟通主要指相关国家和地区通过领导人、部门、地方等各层次政策对话，完善双多边政策协调和沟通机制。政策沟通是"五通"之首，是开展各方面务实合作的基础与保障。加强政策沟通就是要完善顶层设计，为项目合作提供政策支持和保障。政策沟通主要涉及高质量发展的战略对接、高质量合作效果和双边关系基础。这里的高质量发展战略对接，指的是中国与沿线各国相关部门围绕通道建设进行发展战略对接、中国与沿线各国地方政府发展机制对接，以及中国与沿线各国高层签署的通道建设合作协议。

（2）设施联通

设施联通是西部陆海新通道建设高质量发展的基础。加快设施联通建设是其关键领域和核心内容。设施联通主要指的是硬件联通、软件联通和"新基建"设施三个维度。硬件联通包括中国与东盟交通设施共建项目、通信设施共建项目、新建国际（区域）基础设施数量、新建国际（区域）基础设施环评情况。软件联通包括制度对接协议数、高质量建设规划对接、绿色技术交流与转让数、基础设施运营管理效果和廉洁合规管理体系。

（3）贸易畅通

现代民族国家的核心愿望之一是发展繁荣。当今世界，国际贸易是绝大多数国家全球贸易伙伴关系中的重要组成部分。习近平总书记指出："贸易是经济增长的重要引擎。"贸易畅通是西部陆海新通道建设高质量发展的主要内容，重点是促进双方贸易便利化和投资便利化，能进一步推动中国与沿线各国贸易合作的广度和深度。贸易畅通包括高水平贸易、高水平投资、园区合作。高水平贸易中，包含贸易自由化水平、双边贸易额、双边贸易额增长率、新增外贸平台、外贸功能机构和数字文化贸易经济等高新企业贸易额占贸易总额比。高水平投资以投资便利化安排、双边投资额、双边投资额增长率、联合投资占比和数字贸易经济等高新企业投资总额占比表示。园区合作包括共建园区数、园区内高新科技企业占比和数字文化经济企业提供的就业岗位数三个指标。

（4）资金融通

资金融通是西部陆海新通道建设高质量发展的重要支撑。国际多边金融机构以及各类商业银行不断探索创新投融资模式，积极拓宽多样化融资渠道，为推动西部陆海新通道建设高质量发展提供稳定、透明、高质量的资金支持。资金融通部分包括货币合作、金融机构合作、金融市场合作。货币合作下，分别包含货币兑换便利、双边本币互换规模占比、双边外汇交易规模占比和数字货币发展。金融机构合作中包含战略合作协议数、互设海外机构数、互为代理行数量。金融市场合作包括市场准入便利、交易场所联通和监管机构合作。

（5）民心相通

民心相通是西部陆海新通道建设高质量发展的人文基础。中国和东盟各国开展了形势多样、领域广泛的公共外交和文化交流，增进了相互理解和认同，为西部陆海新通道建设高质量发展奠定了坚实的民意基础。民心相通部分包括人文交流、民生项目和民间友好度。人文交流下包含文化交流活动频度、教育培训合作、科研合作、旅游合作。民生项目通过救灾项目/资金投入、扶贫项目/资金投入和卫生健康合作项目/资金投入表示。民间友好度由主流媒体涉对方国家报道倾向、社交媒体涉对方国家报道倾向和智库涉华/"一带一路"民调衡量。

（6）经济贡献度

西部陆海新通道建设高质量发展对经济贡献度可以分为对

国内经济贡献度和对区域经济贡献度。对国内经济贡献度，主要指的是对中国中西部地区经济发展的贡献。对区域经济贡献度，主要指的是中国与东盟区域合作开放程度提升，将推动更加开放、包容、共享的区域一体化。这将为中国与东盟区域经济增长，促进地区持久和平与繁荣奠定坚实的经济基础。

（7）社会贡献度

西部陆海新通道建设高质量发展将通过共同发展、共享发展，让中国与东盟国家的普通民众有更多、更广的参与感、获得感和幸福感。西部陆海新通道建设高质量发展强调共同发展、共享发展，目的就是希望中国与东盟相关国家在各个层面和领域"互联互通"、文明融合，消除由于发展水平不同、意识形态各异、文明文化差异、国家实力不同，而产生的不平等、不公正、不公平现象，为稳步建设中国与东盟命运共同体提供有效的路径和抓手。

（8）机制建设

纵观历史，加强机制建设是重大合作倡议行稳致远的强大保障。一些关系全球治理变革和世界政治经济格局调整的重大合作倡议，在进展到一定阶段后，往往需要加强机制建设，推动组织机构实体化、政策磋商常态化、项目建设规范化，有效降低制度性交易成本，稳定各方预期，从而确保合作倡议持久深入推进。解决西部陆海新通道建设高质量发展面临的瓶颈与难题，需要加强机制建设，要秉持开放性、渐进性理念和正确义利观，紧紧围绕双方合作重点领域，完善项目发展机制、健全融资保障机制、构建贸易畅通机制、强化安全保障机制，为双方共建通道建设高质量发展提供坚实支撑。

二、项目层面

（1）债务融资

债务融资主要指的是企业以发行债券或者借债的方式来集资。借债方获得资金的同时还需要向债权人还本付息。中国与沿线各国经贸合作，由于所处的国别、业主、承包商、贷款期限等方式具有较大差异性，这些对彼此间的贸易合作领域的融资工作造成极大的不确定性。因此，推进西部陆海新通道建设高质量发展，需要在项目融资方面进行国家风险研判、项目可行性分析、发起人或业主资信状况分析、担保措施和能力分析、承包商履约能力分析以及项目整体风险评估等多层面融资可行性分析。需要加强参与企业自身融资能力建设，能够熟练把握和使用沿线各国金融支持政策。从融资角度和选择策划项目出发，在沿线对象国开拓项目过程中，针对需要融资的信贷项目或投资项目，企业应在项目开发初期对各类条件做好基本的判断。尤其是对于需要使用外部资金建设投资的项目，应该从融资可行的角度出发对项目业主或相关方施加影响，争取有利的条件，使之满足要求。充分掌握和利用金融支持政策。带路企业需要加强与带路所在国家的政府相关职能部门保持一定的沟通，对这些国家的信贷、保险、外汇等金融支持政策动向做好跟踪，以便企业在带路建设项目中可以随时进行政策匹配。企业还要学会利用跨国经营的国际性的银行、保险经纪公司、国际或区域性的多边担保机构等国际金融机构资源。企业还要学会善于利用外部的融资顾问服务，聘请有经验的顾问协助企业做好融资前期的相关工作。

（2）投资效益

投资效益指的是，沿线各国的合作项目的投入与产出相比较，能否获得预期的盈利。双方合作项目未来实现较高的投资效益，需要从如下方面继续提升：一是更加注重与当地各类法律、制度的对接，依法合规经营，主动融入当地社会，积极承担社会责任；二是通过资助留学、职业培训等方式，提升当地劳动者技能，不断提高用工当地化水平；三是开展更多符合当地特点、有助于其经济社会可持续发展的项目，让当地老百姓在工程项目中切实受益，培育当地经济发展的内生动力和"自我造血功能"；四是树立扎根当地、长期经营的意识，处理好各类"第三方因素"，营造良好综合环境。

（3）第三方市场合作

2015年6月中国政府同法国政府共同发表《关于第三方市场合作的联合声明》，而在此次声明中首次提及第三方市场合作模式。第三方市场合作实质上是中国与发达国家合作开展"一带一路"建设的创新模式。其中市场主要是指非洲、东南亚等发展中国家的市场，合作主要指中国与发达国家的合作。这一合作方式实现了发达国家先进技术与中国优势产能的互补，并对接了发展中国家的发展需求，实现了共赢。它便于多个企业参与其中，实现分类生产，有助于推动项目节约成本、提高质量、加快进程。因此，这一合作模式受到了合作方及其市场、政府、企业等各有关方面的欢迎和重视，逐渐变成推动"一带一路"建设的重要途径。第二届"一带一路"国际合作高峰论坛圆桌峰会在北京召开。习近平在会见中外记者时强调，为构建全球互联互通伙伴关系，需要加强机制建设，中国将努力对接各国和国际组织经济发展规划，加强第三方市场合作。截至2019年6月，中国已与14个国家建立了第三方市场合作机制。这一年，中国分别与瑞士、新加坡签署第三方市场合作备忘录，中国国家发改委专门发布《第三方市场合作指南和案例》，第三方市场合作成为中国"一带一路"国际合作的重要内容，也是中国与发达国家开展国际合作的重要方式之一。从长期愿景和发展通路来看，"第三方市场合作"有机会为三方合作的建立和持续运行开辟渠道，特别是对某组双边关系具有敏感性和脆弱性的三方来说，"第三方市场合作"有助于搁置争议、弥合分歧。"第三方市场合作"中，第三方可以被赋予更多的主动权，即在其他两方具有积极性的条件下，结合本国的实际需要，选择两方的优势领域设立三方合作项目，充分发挥市场合作的效能，促进本国收益的提升，并推动另外两方取得实际利益。从功能上看，"第三方市场合作"有助于解决三方合作缺乏实际议题和具体项目的问题，也有助于实现项目的尽快落地和取得早期收获。"第三方市场合作"还有助于提升中小国家在三方合作中的话语权和议程设置能力。而"第三方市场合作"的成功取决于第三方能够规避其他两方的劣势和矛盾、发挥市场合作的优势和主动权，引导有关国家在本国市场开展合作，从而发展同其他两方的关系，并最终打通三方合作的渠道。推动西部陆海新通道建设高质量发展过程中，需要加强与有关各国的多领域合作，规避负面影响，促进正面效果的累积，建立类型多样的三方合作。密集、多元、高效和功能化的"小多边合作"，有利于中国进一步夯实伙伴关系网络的建设基础，助力中国应对大国竞争和开拓外交新局面。

(4)技术创新

提升技术创新含量,改变依赖物资要素而非技术要素驱动的传统贸易模式,通过提高技术含量产生高效益,可持续发展。通过技术创新可以改善通道沿线各国产业结构、全球价值链分工体系,提高沿线国家的产品国际竞争力,以及提升贸易和投资运作的效率。当今全球主要大国之间的竞争日趋加剧,但已经不是过去的围绕资源争夺或领土扩张,而是对全球规则的制定、贸易和技术领导地位的争夺。在此背景下,掌握关键核心技术关乎一国能否占据全球分工体系和主导全球经贸规则。通过技术创新和应用,可以有助于提升沿线国家企业在全球价值链地位,增加其产品附加值,也是推动沿线国家的新产业、新业态的根本动力。

(5)商事仲裁

沿线各国的政治、经济和文化具有较大差异,部分国家还会出现政权更迭频繁,甚至局势动荡的局面,复杂多变的形势不利于沿线国家的贸易和投资畅通,进而影响各国经济良好发展,使其承受无法预估的损失。同时,随着西部陆海新通道建设不断提升,中国与通道各国交往,涉外商事纠纷势必增多,畅通纠纷解决渠道,对于优化西部陆海新通道贸易合作营商环境,推进西部陆海新通道建设高质量发展有深远意义。需要建立服务通道沿线各国的国际商事仲裁中心,推动与通道沿线各国的仲裁合作,同时注重与其他国家加强仲裁合作,中国国际仲裁机构可以通过境外设立分支机构,扩展在境外的业务,充分发挥中国在国际商事争端解决中的引领和示范作用。结合实际,借鉴国外先进经验,逐步优化中国涉外仲裁法律制度。比如，逐步完善临时仲裁制度，避免仲裁的诉讼化，逐步消除仲裁审查的双轨制对涉外商事仲裁带来的不利影响。重视仲裁的原则在仲裁中的作用。

(6) 风险防范

中国对通道沿线各国不断加大对外文化投资，扩大贸易规模，为中国经济发展创造了新的空间，同时也带动东盟多个国家的共同进步。但需要认识到，机遇和风险往往并存，"一带一路"周边国家经济发展水平不同，政治环境稳定程度不同，文化风俗也存在差异，这些都导致对外投资风险的增大。因此，推动西部陆海新通道建设高质量发展，需要参与带路企业进行有针对性的风险防范应对，一是完善政治风险评估机制。二是在沿线各国合理分析其投资环境。三是区域合作投资布局。推进西部陆海新通道建设高质量发展需要不断地进行完善，加强对外投资的风险预警，改善应急管理机制，提高信息渠道、人才储备、应急管理能力等方面的建设。

第三节 西部陆海新通道建设高质量发展思路

一、处理好提升经济自主性与对外开放合作的关系，打造通道沿线自主可控的现代产业体系，这是西部陆海新通道建设蛙跳式发展的前提

"蛙跳式发展"指的是一国的技术和经济跨越了阶段的发展过程、一步到位的现象。一些国家之所以出现蛙跳式发展的现象，是因为虽然技术和产业都是分阶段发展，不过新的技术和产业普及后，这些技术本身也会阻碍下一代技术的发展。目前正处于第四次工业革命的早期，这一阶段出现颠覆性技术创新最为活跃，此时发达国家和发展中国家基本处于同一起跑线上，谁掌握了关键技术，谁就会在相关领域占得主动。因此，第四次工业革命被认为是中国西部地区与通道沿线发展中国家实现蛙跳式发展的"战略机会窗口"，因此合作各方应及时抢抓这一宝贵战略机遇，前提是需要妥善处理好加强自主性和开放合作之间的关系。

中国西部地区与通道沿线发展中国家应将优势资源聚集到第四次工业革命的重大创新领域和西部地区的关键薄弱环节，力求在关键核心技术上取得突破，形成自主创新的现代产业体系。沿线发展中国家应在国家经济发展方针和战略自主性的基

础上，有效实施深入经济全球化战略，前提条件是需要有强大的内部资源支撑，同时也需要合作伙伴和市场的多边化和多元化，避免风险和依赖，确保引进高新技术、环保技术，做好技术转让和国内企业与国外企业之间对接。例如，进入新世纪十年以来，中国西部地区依托劳动力成本优势、土地价格优势和政策红利，主动承接产业转移，已经打下了很好的产业基础。党的十九大报告提出，着力加快建设实体经济、科技创新、现代金融、人力资源协同发展的产业体系。因此，西部地区应根据自身资源禀赋、产业发展、科技实力、金融服务、财政收支、人口结构等情况变化，不断调整政策举措，适应新情况，解决新问题，推动西部地区产业高级化，提升产业链层级，提高产业附加值。沿线发展中国家中，例如，越南需要在人工智能与机器人、大数据、生物科技等第四次工业革命中最活跃和辐射效应最大的领域，在未来国际技术创新和竞争中最大可能争取有利位置，否则所谓的蛙跳式发展无从谈起。一方面，目前越南核心技术投入和创新能力与全球科技强国的要求尚存较大差距，以及尚未把握完整核心技术和拥有核心竞争力的产品，尤其是制造业尚处于全球价值链中低端位置，关键技术受制于发达国家，使得越南在全球经济竞争中处于被动的地位，也给国家经济安全构成隐患。因此，越南必须加快提高技术能力、增强产品、服务的技术含量，集中发展、形成拥有多样性和竞争优势的主体的科技市场，加快完善知识产权相关法律，确保规则和制裁的透明性、可靠性和效力，发展和增强国家创新能力，形成自主的产业技术体系，增强产业链供应链自主可控能力。另一方面，越南需要在全球化深入发展和日益融入国际一体化进程的背景下，妥善处理与合作伙伴、竞争对象的关系。在强调其自主性的基础上，通过开展多种方式继续扩大与国外科技、创意、人才资源等的交流合作，整合国外技术创新资源，形成多层次开放式协同创新网络。

二、处理好技术与市场的关系，掌握并在社会和经济各个方面广泛应用新技术，促使科技和改革创新成为通道沿线地区经济增长的主要动力

在第四次工业革命进程中，新技术的孕育并进一步演变成为大规模社会和经济应用的过程，需要具备两个重要的条件。第一个是统一开放的现代市场体系。第二个是畅通科技创新和产业化应用机制。《中共中央国务院关于新时代推进西部大开发形成新格局的指导意见》明确提出，"落实市场导向的绿色技术创新体系建设任务，推动西部地区绿色产业加快发展"。一是西部地区应加快开放透明的现代市场体系建设，为技术创新和应用提供广阔的市场应用空间。着眼于中国西部地区在现代市场体系中存在着关键制约，努力破除不合理的制约市场环境的壁垒，改善营商环境质量。构建高水平社会主义市场经济体制，着力消除不同体制单位人才、技术资源合理流动方面的制约，根据市场原则调动、有效分配和使用各种资源，旨在为所有经济成分营造便利健康和公平的营商投资环境，促进创新。二是完善新技术成果转化和广泛应用的机制。进一步完善符合市场机制和国际惯例的制度、政策和法律，发展西部地区高等院校、科研院校等事业单位改革，扩大西部高校院校自主权。允许实

施新政策测试机制,促进新技术、创新、新商业模式的实施和应用。明确科技创新应用发展目标和行动计划,落实到各级、各行业、地方各方面的活动中。从根本上更新国家科技预算支出管理机制;落实国家科技课题研究订单机制。重组科技计划和任务,关联社会需求,产品价值链,创造附加值。以经济技术水平的提高作为评价科技绩效的标准。促进研究和开发活动,重点是应用研究和成果的商业化。选择并重点支持一批重点行业和领域的技术研究、应用和开发。三是依托CPTPP、EVFTA和RCEP等高水平国际经贸制度合作,为西部地区产品输出拓宽重要的外部市场空间。中国西部地区也应与高水平国际经贸制度合作对接,更加积极主动融入国际经济战略等统筹设计考量。一方面,西部地区应秉持主动、积极开放合作的原则,加快推进与越南、柬埔寨和老挝等周边邻国跨境经济合作区建设和国际产能合作,培育更具活力的区域市场。另一方面,西部地区充分利用RCEP,中国东盟自贸区升级等高标准的自贸区网络,坚定推动贸易投资自由化,为其对外技术经济合作创造良好的外部环境。

三、统筹技术创新和制度创新,推进创新制度环境建设,提升国家创业创新生态系统

第四次工业革命进程中,技术创新呈现出多领域集群式突破,政府、企业、大学、科研院所和用户等多主体协同参与,科技创新活动日益社会化、大众化、网络化,新型研发组织和创新模式正显著改变创新生态,对创新生态提出了更高的要求。

当前西部地区应主要从激发创新主体活力、优化创新要素配置、推进技术研发组织模式改革等方面入手,以完善创新创业生态系统的政策制度环境为切入口,统筹技术创新和制度创新,塑造西部地区创业创新生态系统的吸引力和凝聚力。

四、正视通道沿线发展中国家信息化发展不平衡现实,探索适合沿线各国国情的智能制造业发展道路

当前全球经济和产业结构均已迈向信息化和数字化的全面升级时代,越南、泰国、新加坡等通道沿线发展中国家正在开启工业4.0之路,但这些国家制造业尚处于起步阶段,明显落后于全球信息化和数字化技术步伐和迭代。制造业企业数字化转型较慢,且存在发展阶段不平衡,即基础较好,具备按照工业4.0方向推动其向数字化和新信息化转型条件的领先企业,自动化、电气化普及的多数企业,一定数量的从机械化走向自动化和电气化的落后企业并存。因此,沿线国家在推动智能化发展过程中,应结合其不同行业、不同企业发展的自身特点,因地制宜,探索符合现实国情的智能制造业发展道路。例如,顺应行业智能化转型和应用最新趋势和发展要求,重点推进汽车电动化和智能化、智能网联、自动驾驶等。

五、加快推进数字基础设施建设,夯实通道建设高质量发展的关键基础设施

数字基础设施主要包括信息基础设施和对物理基础设施的

数字化改造两部分。数字基础设施包括：互联网骨干、宽带；移动电信和数字通信套件，包括应用程序；数据中心和网络；企业门户、平台、系统和软件；云服务和软件；操作安全、用户身份和数据加密；API 和集成。新一代信息通信技术深度融合，使得数字信息成为像水、电、公路一样的生产生活必备要素。因此，加快数字基础设施建设，有利于加速构建越南工业互联网体系，加速发展新通道数字经济，推动沿线地区经济社会加快转型升级，为推动工业4.0建设释放新动能。总体来说，鉴于沿线地区数字基础设施建设在关键技术、企业研发能力、网络安全保障能力等方面基础薄弱，整体能力与国外存在着较大差距，通道沿线地区加快推进数字基础设施和创新体系建设，推动数字基础设施开放式创新发展，重点应从如下方面着力：一是加快推动高速宽带网络基础建设与提速，支持构建覆盖通道全区域、智能化的新一代互联网；二是加快构建和开发通道共享数据库；三是加快5G等前沿技术攻关和推广应用，提升自主安全性。

六、通道沿线东南亚国家应确保宏观经济政策连续性与微观经济改革并行，实现经济可持续复苏，保证通道建设高质量发展有良好经济环境

新冠肺炎疫情的发生，使得"准时生产制"不再准时，势将推动全球供应链的重构，提高供应链应对突发情况的能力。在中短期内，各国企业会增加库存、提高物流绩效。从长远来看，为了降低风险和对特定国家供应商的依赖程度，供应链的布局可能不再一味追求低成本的"全球化",而是向兼顾低风险的"区域化"方向发展。当前新一轮新冠肺炎疫情的冲击,对通道沿线东南亚国家制造业产生重大影响,一些已经转移到越南等东南亚国家的生产线不得不重新考虑转回中国。除此之外,东南亚国家经济还面临着更多复杂和不可预测的困难和挑战。例如,新冠肺炎疫情导致这些国家失业率的快速上升,美国收紧货币政策预期,国际市场原材料、燃料、商品运输费用价格上涨以及全球外资前所未有的下降会严重影响这些国家政府经济持续发展的目标实现。因此,这些国家一方面应保持延续新冠肺炎疫情前所采取的宏观经济政策的稳定性,强调经济发展三个空间,即国内经济、融入全球产业链价值链、发展数字化经济,始终以宏观稳定为目标,控制通货膨胀,确保经济主要指标的平衡,同时促进增长。另一方面,这些国家应采取税费减免优惠、增加金融扶持等措施,刺激工业生产和服务活动,帮助企业纾困,确保宏观经济政策连续性与微观经济改革并行,既要促进经济复苏,又要保持经济体制改革的连续性,并确保社会安全。与此同时,需要避免过度集中于金融和货币措施,促进经济改革,考虑适当的"正常化"点,避免造成因宏观经济政策空间的"枯竭",增加通货膨胀压力,增大经济体制改革的阻力。

第六章

推进西部陆海新通道建设高质量发展的对策建议

第一节　加快推进西部地区产业政策的调整与转型

第四次工业革命兴起和"双循环"新发展格局的背景下，西部地区产业发展面临的国内外环境、制度背景、要素条件均发生了很大变化，因此西部地区产业政策也在进行相应调整和转型。

第一，产业政策的制定要问题导向和目标导向相结合。制定的政策符合通道沿线西部省区市产业现实基础，针对通道沿线西部省区市产业的薄弱环节和重点优势环节开展有针对性对策；通道沿线西部省区市产业政策的制定要综合衡量短期、中期和长期影响的关系，由于产业政策存在滞后性等因素，政策效果并非一次性全部显现，因此对于通道基础设施建设技术要坚持一以贯之的推进政策实施持续发展，要结合全球化发展新趋势、新特点，在开放宏观经济大框架下考虑，应保持产业政策的连续性和稳定性。

第二，赋予政府更积极的干预角色。应加快制定通道沿线西部省区市的产业政策目标规划，提出总体目标和具体目标，实施路线图。在落实国家总体产业发展政策的行动计划中，出台实现上述目标的一些解决方案，包括出台发展优先产业的政策，为产业创造有利环境，为工业部门发展企业和劳动力，利用科学技术和自然资源促进产业发展。明确职责，提高国家和地方当局的效能。

第三，更加注重产业链自主性。新冠肺炎疫情持续蔓延带来的冲击使全球跨境供应链严重受阻，各国均暴露出不同程度的产品短缺问题，维护产业链的自主性，成为越南产业政策的重要逻辑。通道沿线西部地区必须提升生产能力，使其具有自制力，有效地参与全球价值链，提高在其中的地位，并有效地抵御来自外部的巨大、不寻常的影响。据此，当前通道沿线西部地区政府应重点发展配套产业，打造一批重点产业集群，继续实施出口市场多元化战略，开启新一轮综合基础设施建设（包括交通、环境、数字化转型等的硬件基础设施和软件基础设施）等一系列措施，加强产业链安全和自主性。

第四，积极推动绿色产业发展。过去十年，国内外直接投资持续涌入西部地区，推动西部地区经济跨越式增长，然而这些资金主要集中在劳动密集型和对环境具有较大污染的产业。当前产业政策吸引外资和合作政策的重心从数量转向质量高附加值，以效率和技术为主要和最重要的措施，同时保护环境和可持续发展。意味着在产业政策方面，西部地区应把吸引投资的重点从数量转向质量，重点放在降低环境风险上。据此，建议成立通道沿线西部省区市促进境外投资合作工作组，有针对性地核查资金尤其是技术含量低、占用空间大、能耗高、环境风险大的企业，以及不打算在西部地区开展长期合作等企业的优惠政策。与此同时，应加快制定通道沿线西部省区市绿色产业增长规划，重点涉及科学技术、革新创新、数字技术应用、数字化转型等内容，旨在推动绿色增长战略从战略规划向促进完善经济体制，增长模式转型，提高竞争力，环保和减少温室气体排放等方面落实。

第五，大力推动科技创新。建议通道沿线西部省区市将推动科技创新的研究、转移应用于通道建设提到战略发展高度。加快制定高新技术发展计划，明确通道开发与把握属于优先投资开发、达到地区先进水平的高科技项目，同时明确在企业高科技产品生产和高科技服务供应过程中有效应用等具体目标。此外，还应设定高科技产品出口价值占比份额，尽快提升高科技农业生产总值在农业总产值中的比重，生产高附加值的新产品和新服务，鼓励成立发展高科技产品生产和高科技服务供应的企业，鼓励发展成立高科技农业企业等。

第二节 加强通道沿线基础设施建设，提升集疏服务能力

西部陆海新通道建设高质量发展，首要是加快完善交通基础设施为主的基础设施建设，加强统筹顶层规划设计，谋划布局，突破通道运输的瓶颈，弥补交通运输中的短板，打通交通运输末端"最后一公里"，重点强化与通道相配套的交通道路、港口码头、信息网络、通关便利化等项目建设，建议如下：

第一，加快建成西部陆海新通道综合交通运输体系。强化骨干通道建设，主要是优先推进兰州、重庆、成都、昆明、贵阳等西部重要节点城市经南宁至北部湾的陆海联通主通道。二是加快推动与东南亚、南亚等国家交通设施互联互通。考虑以成渝两大城市作为综合交通枢纽，对接云南，构建泛亚铁路运输网络。加快成都至昆明铁路扩能改造工程。加快建设成都经宜宾至昆明的高速铁路通道，推进成都至自贡、自贡至宜宾的铁路建设，为实现客货分线运行提供支撑。加快建设成都至丽江高速公路，加快推进西昌至乐山的高速公路建设。三是进一步提升北部湾港口基础设施能力。加快推进钦州港东站集装箱办理站、钦州港东航道扩建、北海铁山港进港航道和防城港40万吨级码头等工程建设。同时，加快提升港口设施和服务能力，

第六章 推进西部陆海新通道建设高质量发展的对策建议

重点是强化港口智能监管、智能服务和自动装卸能力,包括加快推进钦州大榄坪5个10万吨级及以上自动化集装箱码头、防城港自动化散货码头、智能闸口、港口对外统一服务信息化平台、大数据中心、客户服务平台等一批重点智慧港口项目建设。四是加快完善新通道国际海空货运网络。打造重庆、成都为西部地区航空货运枢纽,全面提升西部航空集散和辐射能力,建立兰州、昆明、南宁等城市的区域性航空经济城市群。加密面向东盟国家的集装箱航线,大力引进国际航运企业进驻北部湾港,拓宽北部湾港至欧洲、澳大利亚、美洲航线,布局面向全球主要港口和枢纽的航运运输干线网络。五是加强新通道集疏运体系建设。统筹通道沿线交通枢纽与各类园区的空间布局,按照无缝化衔接要求,加强直达港区、重点园区、大型企业的铁路专用线建设,推进装卸站共用,打造一体化集疏运体系。加强铁路货运基地、主要港口集疏运公路建设,提高联运便捷性、安全性。

第二,军民融合,打造国防交通建设新格局。基础设施建设事关国计民生和国家安全,军民融合发展是富国之策、强军之本、发展之要。2015年1月,习近平总书记视察云南工作时指出,要着力推进路网、航空网、能源保障网、水网、互联网等设施网路建设,加快国际大通道建设步伐,形成更好地服务国家战略的综合基础设施体系。西部陆海新通道是国家重大综合立体交通网络的基础设施,因此应加快推进西部陆海新通道融入军民融合发展战略,全面提升其服务保障能力建设。这就要求西部陆海新通道建设要牢固树立科学统筹国防建设和经济建设"一盘棋"思想,克服本位思想,打破"条""块""圈"的界限，进行统筹规划和推进，实现"强国梦"与"强军梦"的统一。应加快将推进基础设施建设军民融合发展纳入未来西部陆海新通道建设发展规划中，完善推进西部陆海新通道建设军民融合发展机制，发挥市场在资源配置中的决定性作用，按照市场规律调整推进基础设施建设军民融合发展项目，引导资源向有利于融合的方向配置，从源头上减少重复投资、分散建设。

第三，加快推进新型智能交通基础设施建设。抢抓新基建机遇，加快智慧交通一体化建设，主要通过实施跨境运输服务示范，推进跨境虚拟互联互通。充分发挥网络通信、物联网、北斗导航与位置服务、区块链、大数据等应用功能，以便利服务提高新通道枢纽和门户的竞争力。

第三节 推进陆海新通道扩容增效

以大通道为切入点，一是推动通道沿线国际互联互通。积极推进安全智能锁在"陆海新通道"的复制推广。将海关管理要求顺势嵌入国际物流运转链条，实现海关监管与国际物流各环节的有机衔接，依托现代物流技术实现海关顺势监管。二是积极开展国际关系合作。围绕陆海新通道扩量增效，在总署支持下，积极促成"中新（新加坡）"关际合作，支持重庆—东盟班列服务网络延伸，实现通关一体化改革全覆盖。三是积极开展口岸合作。利用多双边合作机制，积极开展口岸合作，交流口岸管理理念、管理模式和管理经验，加强口岸工作时间、监管手续等方面的沟通，加强与"西部陆海新通道"沿线国家口岸执法机构的机制化合作，进一步提高跨境通道的口岸通关便利化水平。

通过发展口岸经济，旨在推动通道口岸功能完善发挥集聚效应。一是推进海关特殊监管区域创新发展。全面落实国务院支持自贸试验区改革53项措施、促进综保区发展21条举措，促进两路寸滩保税港区转型升级，加快涪陵综保区等验收运作，强化重庆口岸跨境电商政策叠加效应。充分发挥新设立的永川海关作用，大力支持进境木材监管场所建设，促进渝西、带动渝东南和渝东北地区开放型经济发展,加快推动重庆全域高水平开放和高质量发展。二是推动智慧口岸建设。丰富"单一窗口"功能,提升口岸运行效能,大力推进智能卡口建设,探索建立卡口智慧系统,推进车牌光学识别、卡口自动触发运抵、微信公众号报关业务查询等功能的实现,并在西部陆海新通道沿线省(区)海关推广,提高通关效率。三是助力优化口岸营商环境。深化落实支持重庆优化口岸营商环境促进跨境贸易便利化16项工作举措。全面推广提前申报、货到验放,巩固压缩整体通关时间成果,持续推动降低进出口环节合规性成本,加大虚假贸易打击力度。

发展"枢纽"建设,推动通道成为多式联运新典范。一是对标国际先进标准。探索符合物流规律、适应企业运作的多式联运海关监管模式,指导重庆多式联运中心海关监管作业场所建设,为华为等高资信重点企业提供更加便利的通关保障,推动将重庆内陆地理枢纽优势转化为开放发展优势。二是实施重点突破。将当前多式联运中心建设聚焦在经停换装、拆拼业务方向,培育壮大市场主体,大力推广应用标准化载货工具和快速转运换装设备,辐射带动区域外向型经济发展。三是加快构建统一规则标准。深化陆上贸易规则改革实践,继续探索非海运提运单的物权凭证功能,争取TIR(《国际公路运输公约》)运输试点,探索开展国际供应链全程总担保。四是统筹内外贸多式联运发展。补齐铁路运输短板,促进铁路与其他运输方式无缝对接,实现国际供应链的"一体化物流"。同时兼顾内外贸多式联运融合发展,共享体系建设成果,提升运行效能。

第四节　健全沿线协同沟通机制

国际层面，尽快建立通道沿线国家政府高层互访会晤常态化和机制化。建议在每年召开中国东盟博览会，海南琼海亚洲博鳌论坛期间，均设置西部陆海新通道建设专题，加快推进中国与东盟国家在共建西部陆海新通道建设签署合作协议、文件、备忘录。西部陆海新通道沿线途经多个国家或地区，应建立沿线各方的定期洽谈磋商机制，以共商、共建、共享原则，通过平等协商的谈判方式明确各参与方和利益攸关方的权责，构建沿线各参与主体围绕基础设施互联互通，产业合作与布局，贸易合作，对外投资规则的一系列议题的协同沟通机制，重点是突出与东盟沿线国家之间的合作关系，推动建立国际陆海新通道建设的贸易合作和投资协调机制。

国内层面，定期召开西部陆海新通道建设联席会，由西部各省区市轮流主办，联席会围绕当年西部陆海贸易新通道建设取得的成绩，存在的主要问题进行及时总结，并围绕未来合作重点领域深入开展交流协商。一是充分发挥商会在西部陆海新通道的桥梁作用，提升通道沿线国家政府与企业的沟通效率。改革开放的大潮催生了商会的快速崛起与发展。40多年来，商会不仅在政府与民营企业之间充当桥梁和纽带，更是民营企业参与国际合作的重要民间支持力量。作为政府与企业沟通的桥梁和纽带，商会拥有多数企业不具备的天然优势，比如，有遍及政界、经济界、法律界的广泛资源，有同外国政府和外国商会的畅通联络渠道，这为商会服务企业奠定了良好基础。可见，商业作为重要社会力量，能为中国与通道沿线各国商会、行业协会增进交流，对接资源、探讨合作、创新服务、协同发展提供新的平台。因此，充分发挥商会政策解读的作用，通过经常性举办西部陆海新通道建设的研讨会、论坛等活动，把政府政策传达给民营企业，助推其健康发展。二是发挥信息渠道与服务平台的作用，利用商会优势资源，向民营企业传达国外的投资环境、项目信息等重要内容；同时，中国商会与沿线各国商会积极对接与合作，建立渠道作用，聚合各方力量，助推落实和政策协调沟通，推动通道沿线各国政府与企业更加积极参与西部陆海新通道建设。三是发挥商会为企业走出去保驾护航作用。进一步提升中国工商联服务民营企业的能力，提升工商联系统的国际化服务能力。考虑建立陆海新通道商会海外分支组织网络，维护走出去企业的权益，向国内反映真实情况和建言献策。积极进行商会改革创新，以便为走出去的企业提供高质量的咨询和帮助，尤其在涉及通道沿线国家贸易摩擦、法律纠纷等问题的解决中起到关键作用。考虑建立国家层面的通道建设统筹协调机构，成员主要由国家政府相关职能部门，西部地区省区市主要领导组成，从整体上统筹协调，科学规划，明确通道沿线各方参与主体的职能和分工，指导、调度、统筹指挥西部陆海新通道建设的各项事宜，协调平衡各参与主体的利益关系，切实解决建设中的各种障碍。按照"政府主导、企业主体、市场运作"原则,西部各省区市依托陆海新通道和自身的区位优势,进一步强化与沿线各国在政策、规则标准、体制机制方面的沟通对接,构建通道沿线国际多式联运体系,推进沿线国家或地区在人员交流、贸易合作、货物通关、边境交通、安保合作等方面的便利化。加快建立及时跟进沿线国家或地区的投资、产业合作和项目规划等信息共享平台,能够及时地做到对沿线各国的经贸合作、产业转移等信息共享,及时把握沿线通道国家同行企业前沿商业信息,学习借鉴对方企业成功案例及运作经验。依托西部陆海新通道,加快对接粤港澳大湾区、海南自贸港建设,深入融合长江经济带,探索建立与上述区域协同发展合作机制,尝试在通道沿线中心城市推进数字贸易、投资便利化、人员往来、产业承接与优化升级等方面进行大胆探索,加快构建政商学研用、经济政策高度协调的协同分工体系。

第五节　持续优化营商环境

优化西部陆海新通道营商环境,可从以下五个方面采取措施:一是努力营造优质高效的政务环境。加快健全互联网、大数据、人工智能等技术手段在西部陆海新通道贸易通关中的应用,不断精简审批,对某些业务实现共享审批,并着力提升网上政务服务能力,充分发挥一体化在线政务服务平台的作用,以"减环节、减时间、减材料、减跑动"为目标,减少人为因素的影响,把政府该管的事情管好,提高政府相关职能部门的服务意识,激励工作人员主动担当,降低企业参与通道建设的运行成本,提升通关运行效率。

二是借鉴中国上海自贸区、粤港澳大湾区等东部沿海发达地区的成熟经验做法,将其移植到西部陆海新通道贸易通关中应用。例如,在货物贸易进出口方面,可以借鉴上海自贸试验区出台的"同步仓储、分类监督、一体运作"的全新管理模式,选择参与西部陆海新通道重点外贸物流企业进行应用,这样的好处在于,这些企业在获得监管政策的基础上,进一步运用技术手段加速推广这一监管模式,这一监管模式的应用,有助于便利海关现场监管,也极大地提升配送物流企业的效率,节省物业和人力支出成本,缩短商品流通、中转等时间。在服务业对外开放和服务贸易领域，可以借鉴上海自贸试验区出台对生物医药研发外包服务企业的进口生化实验材料商品检疫试点政策，这一政策改变为"事前备案、负面清单管理、分类监管"的灵活监管体制，简化审批检验流程，极大地缩短了审批所需时间周期，提升了上述类别商品的进口效率。这种做法的好处在于，生物医药企业在研发业务上可以做到及时审检，快速通关，依托试点政策的扶持，企业能够及时保证业务活动的如期开展并及时履行研发服务外包合同。在海关税收通关和检验检疫监管环节，可以借鉴上海自贸区海关监管部门推出"批次进出，集中申报"的进出口报关试点工作，这一做法的好处在于，改变企业过去的一票一报的做法，采取事后多票一报，极大地节省了进口在海关通关环节所需要的时间、资金成本或人员人工工时。持续开展优服降费专项行动，落实物流降成本政策，进一步完善收费公示和"红黑榜"制度，深化大通关合作，降低企业运输、仓储等物流成本，提升物流标准化和信息化水平，全面执行一次申报、一次查验、一次放行的通关作业模式，推进口岸智能管理和自助通关，继续压缩通关准备、货物提离时间。

  三是构建融入全球价值链产业链的产业体系。产业生态是衡量某个地区或国家营商环境优劣的标准。优化陆海新通道沿线营商环境，需要从全球价值链产业链处于深刻转型，发展优势产业成主导产业，以主导产业吸引更多的配套产业，坚持推进产业更高质量、更有效率、更加公平、更可持续发展。西部陆海新通道中心城市，应在发展产业集群上下功夫，在建链强链延链补链上下功夫，增强产业发展的互补性、集约性、规范性，推动产业发展的特色化、规模化、品牌化，产业体系越健全、循环越畅通，在营商环境上就越有竞争力、影响力，进而形成要素、资源集聚的滚雪球效应。借鉴上海自贸试验区的经验做法，在西部陆海新通道探索国际化和法治化的营商环境，建立知识产权监管规章和细则，在推动产业结构优化升级，提升金融服务水准等诸多方面，进行积极探索改革，通道沿线各省区市可以围绕建立沿线商事纠纷机制，完善金融市场水准，创建自由化贸易网络等方面调整职能权力，通过加快政府职能转变，简化行政审批程序，进行企业设立标准试点探索等，形成更加高效便捷的营商环境。

四是转变发展模式，增强通道发展动力。高质量发展强调的是以创新提升效率和生产力的第一动力，是抢占未来竞争制高点的关键举措。回顾陆海新通道建设历程，陆海新通道经济发展逻辑仍停留在以成本洼地导向的传统发展理念，主要以土地、劳动力、能源成本优势为前提条件，以发展加工贸易为导向，通过招商引资，形成国际加工贸易的产业聚集，属于出口导向型的外向经济，物流通道主要服务于西部地区相关省份出口加工贸易，为本地产业寻找多元化的出海通道，以承接东部沿海产业为途径，导致通道运行效率、收益率和服务水平仍处于较低水平。通过创新驱动，建立物流产业集群，提高物流分拨能力，带动国际商品贸易的发展，这种发展模式属于内需拉动型的外向经济，重点是提升旨在创造更有利于促进贸易便利和投资自由的法制化营商环境，物流通道是服务于中转贸易，进而带动加工和金融服务的发展模式。通过以西部部分省区实施的自由贸易试验区的制度创新为有效途径，提升贸易通关便利化和自由化，促进通道经济充分发展。枢纽经济是陆海新通道高质量发展的主要特征和关键，为此陆海新通道高质量发展就是要培育枢纽经济发展壮大，通过科技制度创新和优化经济要素时空配置，培育枢纽经济发展壮大。向海经济是指沿海地区及其腹地地区以一体化发展为基础，以产业分工为主导，依托陆海通道，统筹利用陆域和海域资源，加快开放开发进程，实现经济良性发展的相关经济活动。打造西部向海经济带是陆海新通道高质量发展的战略依托和支撑，通过技术、运营模式、管理、制度等多方面创新，实现支撑西部向海经济带的陆域经济、海洋经济和现代港口这三大关键点的有效衔接和协同联动。重庆、南宁等通道沿线中心城市可以通过人才创新创业的政策、资金、机会的创新，使其拥有的人才储备资源、科研教育资源及新兴科技、信息资源得到最充分的效能释放，打造其在区域内的向心力和集聚力，充分发挥门户经济的引领作用。

五是深化体制机制改革和创新，充分发挥企业市场主体作用。改革是迈向高质量发展阶段的关键动能。通过推动改革破除体制机制障碍是促进陆海新通道高质量发展的关键路径。在推动陆海新通道高质量发展进程中，要以形成需求与供给良性互动动力改革为主轴，以制度改革和创新为切入点，破除束缚陆海新通道建设中的体制障碍，确保技术、模式等创新要素充分发挥作用，进而实现向高质量发展的轨迹深化。深化制度改革和创新的主要方向在于：一是打造高效高质的全球供应链体系。要推动打造陆海新通道成为全球性的分销系统、离岸加工体系、全球供应商，培育一套能够满足产品由世界各地的设施供应、生产和分销的供应链，这是陆海新通道高质量发展能否真正实现内陆经济与沿海经济联动的关键,即能否确保通道运输链畅通,设施衔接顺畅,运力资源高效交易;确保运输规则统一,信息共享;通道各物流节点实现联动,运营主体一致,单证互认;空箱资源共享,运输产品通道畅通和稳定。二是通道运营主体营商环境的改革。企业是陆海新通道的具体合作投资者,是通道建设的实施主体。企业如果不能在陆海新通道高质量发展中发挥主体的作用,通道高质量发展就缺乏足够的动力,也无法实现可持续性。通过改革和创新,构建契合陆海新通道高质量发展要求的体制机制,一方面,充分彰显央企和国企是通道建设的重要力量;另一方面,优化民营企业的发展环境,降低民企运营成本,提升物流和通关便利化水平,充分发挥民企市场活力和潜能,为陆海新通道迈向高质量发展发挥重要作用。

第六章 推进西部陆海新通道建设高质量发展的对策建议

第六节 持续改革投融资机制,实现可持续发展

西部陆海新通道是联结中国—中南半岛、孟中印缅、新亚欧大陆桥、中国—中亚—西亚等国际经济走廊的桥梁和纽带,既包括中国境内的基础设施建设,也包括与通道沿线国家的建设协同,但沿线国家大多为发展中国家,工业化发展整体水平基础较弱,有些国家还在工业化起步阶段,这些国家大都缺乏足够的资金和财力支撑,基础设施水平较低,这构成发展中国家基础设施的瓶颈。建议如下:

一是制定新通道建设高质量发展金融支持总体规划。由中央部委相关职能部门参与,紧扣《西部陆海新通道建设总体规划》,科学布局,统筹协调,制定覆盖金融支持西部陆海新通道建设高质量发展总体规划,制定金融支撑陆海新通道建设高质量发展的政策目标、服务机制、保障措施以及监管规则等。

二是制定差异化金融调控与监管政策。新通道基础设施建设项目周期长、回报率低等特点,导致商业性金融机构风险偏好不足。同时,此类项目在资本金核算、贷款周期匹配度、政府债务口径等方面存在合规风险,因此金融支持存在较多的政策障碍和利益平衡问题。建议人民银行设置西部陆海新通道基础设施建设专项金融政策调控工具,对金融机构此项业务进行

定向差异化调控，并予以适当贷款利率优惠；引导金融机构完善西部陆海新通道基础设施建设贷款流程及审批机制，提高审批效率。建议银保监机构研究实施西部陆海新通道基础设施建设差异化金融监管政策，合理确定金融机构激励政策，建立金融风险防范体系，防范金融风险。

三是完善金融及政策协调。积极推进沿线相关省区市金融监管机构，国家开发性金融机构以及国有商业银行，签订西部陆海新通道基础设施建设战略合作协议，明确合作方式、项目范围、融资模式及贷款管理等一揽子金融服务，提升金融服务效率。建议建立由中央监管职能部委，地方政府、金融机构组成的联席会议机制化和常态化，共商对策，统一提升金融服务以及监管标准，提质增效。

四是建立财税与金融政策部门协同支持机制，加强财政部门与人民银行和银保监局的配合与协作，确保财税部门对西部陆海新通道基础设施建设贷款的财政贴息、风险补偿金、税收优惠政策及时到位，与人民银行、银保监局的业务指导监管形成无缝对接，提高金融机构发放此类贷款的积极性。

五是鼓励金融服务创新，扩大融资租赁应用范围，建议主管部门会同融资租赁设备供应商、建设施工企业等相关各方，研究扩大西部陆海新通道基础设施建设融资租赁设备范围，创新支付方式和融资租赁模式，降低项目建设前期投入，提高项目建设企业资金利用效率。以基础设施建设项目长期稳定性和政府的支持及公信力为信托，为西部陆海新通道基础设施建设融资提供保障。建议地方政府鼓励新通道建设主体通过信托方式融资。加快建立引导有关金融机构建立沟通合作机制，对相

第六章　推进西部陆海新通道建设高质量发展的对策建议

关项目实施"统一授信、联合评估、批复互认",提高项目融资效率。创新政府和社会资本合作(PPP)模式,可以考虑用PPP+私募基金+运营的模式,挑选有实力的社会资本去建设运营"一带一路"数字基础项目。既可以避免过多过度倚重中国资本,降低因"过多把鸡蛋放在同一个篮子"的项目风险,也是更好地提升各方参与度和积极性,在共商、共建、共谋的决策模式下,提升基建项目运营效率和服务品质。借鉴包括PPP+担保,PPP+信托+基金+城改等多种方式运作PPP项目模式经验,建立适合新通道建设PPP项目运营机制,解决沿线国家基础设施项目建设面临融资渠道有限、融资困难等问题,完善社会资本投入PPP项目进入、退出机制以及流动的监管机制。

六是设立专项投资基金。建立亚投行和丝路基金给予陆海新通道基础建设专项资金,或者单独设立陆海新通共同基金,引导相关企业基金参与陆海新通道基础设施互联互通建设。中国政府可考虑与沿线各国政府和国际组织,共同建立西部陆海新通道建设基金,与沿线国国家企业共建新通道具体项目。加快与亚投银行、丝路基金等国际开发性金融机构资金与西部陆海新通道基础设施建设项目的对接,合理配置资金供给与需求,改善投融资环境。实现国际开发性金融机构与西部陆海新通道基础设施建设的创新机制对接,采取政府推动与市场运营相结合的方式促进建设目标达成,学习借鉴世界银行,国际货币基金组织等国际开发性金融机构基础设施建设投资风险防范成熟经验做法,加强风险识别,完善项目筛选机制,规避投融资风险。

七是应加快推进第三方合作机制。第三方合作是多边主义机制,强调包容性、开放性合作,协同发挥参与各国差异化优势，充分考虑发达国家和发展中国家不同发展阶段的现实诉求。作为一种新型的国际合作机制，第三方合作整合各方比较优势，强调 1+1+1＞3 的"共赢"效应。在陆海新通道基础设施项目建设中，第三方合作可以调动发达国家跨国公司的资金优势，整合基础设施互联互通产业链有机融合，推动形成合理高效的沿线基础产业分工格局，从而有助于推进沿线国家贸易投资自由化、便利化。

八是考虑利用中国金融资产管理公司支持西部陆海新通道建设。中国目前拥有五家国有金融资产管理公司，这些金融资产管理公司具备支持西部陆海新通道建设的综合实力及内在动力。五大金融资产管理公司可以整合拥有的国际业务资源，将新拓展数字基础互联互通建设业务与现有的全球业务统筹管理，布局西部陆海新通道建设项目促进集团的全球化发展，再以集团的全球化发展引导项目建设的良性互动格局。加强与支持"一带一路"发展的亚洲基础设施投资银行、丝路基金、中国—欧亚经济合作基金，以及中投国际、中投海外、中非发展基金、中拉产能合作投资基金等国家海外投资机构合作，要加强与上海合作组织、"10+1"、APEC等现有多边地区合作机制及论坛的沟通，以陆海新通道基础设施互联互通项目为载体，不断推进在各个领域的全面合作。政府层面可以考虑优化五大金融资产管理公司经营考核机制，引导AMC建设陆海新通道建设成效。沿线国家或地区基础设施涉及金融资产管理公司金融资产安全问题，国家应从军事保护、提升政治待遇、完善有关金融资产管理公司的法律法规等方面，保护境外基础设施建设金融资产安全。

第七节　进一步提升开放和国际合作水平

第一，打造更高水平的开放型经济新体制作为引领陆海新通道高质量发展的有效途径。开放型经济使中国改革开放取得瞩目的经济成就，为提升国家形象和增强国际话语权发挥了重要作用。其一，建设更高水平的开放型经济新体制是应对新冠肺炎疫情大流行产生的负面冲击，新贸易保护主义抬头，国内经济改革面临结构性、制度性障碍等国内外错综复杂的挑战的有效举措。通过更高水平的开放型经济新体制与现代化经济体系间建立良性互动，是迈向高质量发展阶段的主要特征。推动陆海新通道高质量发展，需要不断加快西部地区对外开放的力度，寻求新的对外开放思路和方法，打造更高水平的开放型经济，以此作为促进通道沿线地区各要素的有序流动，资源优化合理配置，加速市场融合，推动陆海新通道高质量发展。在经济全球化遭遇重挫的大背景下，中国通过开启新一轮对外开放，力促贸易和投资自由化便利化，旨在创造引领国际合作和竞争的新优势，主动参与全球价值链重塑，贡献新型经济全球化。这是中国对外开放获取新优势的重大机遇，也是引领陆海新通道高质量发展的有效途径。其二，更高水平的开放促进深化区域开放与合作，形成区域性联动协同发展。陆海新通道的高质量发展，就是统筹推进沿海、沿江、沿边、内陆腹地地区对外开放广度和深度，将通道沿线枢纽城市打造成为更多内陆对外开放新高地，进一步提升沿边地区开放开发水平。提升西部地区内引外联纽带能力。继续促进西部内陆地区进一步融入国际大循环分工体系，又要在西部地区承接东部产业的历史性机遇下，实现东西部地区优势互补，让两大地区市场充分循环起来，以陆海新通道为引擎，构建内外联动、通疆达海区域联动协同发展格局。今后努力的重点：一是通过采取对标全球创新链高端，增强成都和重庆"双城带动"效应，推进体制机制改革和创新，营造国际一流营商环境等具体举措，加快打造成渝地区双城经济圈成为内陆开放战略高地和世界级双城经济圈，更好发挥其在陆海新通道高质量发展的运营组织中心作用。二是在西部陆海主通道建设方面，持续建设和优化北向通道，统筹推进连接北向通道沿线各省区的协调机制，通过推进北向通道建设积极融入中蒙俄经济走廊发展，使陆海新通道成为"一带一路"倡议的六大经济走廊南北联动的大动脉。三是协同衔接"长江经济带"战略、粤港澳大湾区战略、海南自由贸易港战略，加大国家在资金、项目和政策上对西部陆海新通道国际门户港建设，北部湾经济区和北部湾城市群发展战略的支持。

第二，更高水平的开放推进深化国际交流与合作，构建沿线各国间互联互通体系。更高水平的开放意味着需要围绕通道沿线国家之间交通与通信、能源、货物贸易与服务贸易、资金融通、人员往来等方面能够更好地互联互通，因此有必要加快构建沿线各国间互联互通体系，以满足沿线部分国家通过基础设施间互联互通满足经济发展的迫切需求，享受经济发展的成

第六章 推进西部陆海新通道建设高质量发展的对策建议

果;让沿线部分国家能够获得在互联互通网络中作为重要节点的历史机遇,为其赢得深度融入全球价值链,提升在本地区乃至更大市场范围的经济影响力;可以大幅降低中国与东南亚、欧洲、中东等区域内或跨区域内商品、货物、物流等交易成本,提振贸易增长;加快形成面向欧洲、中东、东南亚等地的物流、运输大通道和网络体系,优化"一带一路"产业链、价值链、供应链,提升沿线国家资源配置效率,促进带路国家可持续发展远景目标,构建带路国家"互联互通大市场"的现实需要。主要实施路径:一是建立全方位沿线国家互联互通伙伴关系。制定陆海新通道互联互通伙伴倡议并尽快推动实施;打造通道沿线各国基础设施供应链;改革和创新沿线国家经贸治理机制,比如建立沿线价值链伙伴关系,创新基础设施可持续发展与投融资合作,贸易通关一体化,金融风险防控等方面公共产品供给机制。二是合作机制的改革和创新。从合作运行机制来看,中国本着亲诚惠容的睦邻外交理念,主动寻求在个别中南半岛国家寻求合作突破口,积极对接沿线东盟国家发展规划,降低合作的政治风险和阻碍,构建通道合作新秩序。完善多式联运的通道运行机制,形成公路、铁路、水路、航空多种运输方式并重的协同运行机制,保证高效运行和安全稳固。通道协同运行机制下,物流供需双方结合各自的优势,围绕技术研发、智力支持、金融投资、产业结构互补等领域运行创新。从通道畅通机制创新来看,加强通道基础设施合作,推进沿线国家经贸、工业合作园区合作,加强通道信息体系建设,完善沿线信息资源开放共享机制,促进通道合作实时动态调整;从解决争端机制来看,完善通道的法律制度体系,深化争端解决协作机制，拓展合作深度和广度；从利益分配机制来看，探索建立公平公正的通道合作利益分配机制，实现各方整个利益分配系统的协调，实现合作个体利益和共同利益最大化。

今后努力的方向：首先从通道功能优化升级。从印发的《西部陆海新通道总体规划》对西部陆海新通道的战略定位来看，西部陆海新通道是推进西部大开发形成新格局的战略通道，因此陆海新通道建设高质量发展应推动西部地区贸易投资和物流发展，改变西部地区经济格局，深入推进与东南亚、南亚、中亚等地区的务实合作以及纵向融入"一带一路"六大经济走廊建设。完善贯通南北的陆海新通道综合立体交通网络，加快促进西北地区和西南地区省区市之间的互联互通和经贸合作，真正发挥形成西部地区贯通大动脉功能。依托西部陆海新通道，西部地区货物可以途经新加坡、海防、西哈努克、仰光等东南亚国家港口联通"21世纪海上丝绸之路"。应进一步完善直达欧洲、非洲、南美洲等全球港口的铁海联运网络。同时，依托新通道，为东南亚地区深入联通衔接中国国内长江经济带、欧亚大陆桥经济带。其次进一步提高新通道辐射力。提升新通道辐射力，有助于将新通道沿线地区丰富的能源、矿产、旅游等资源优势转化为经济优势，提升西部地区对外融入全球市场的便捷。今后新通道建设高质量发展，应进一步密切中国与东南亚国家国际合作，考虑进一步扩大通道辐射范围，吸引更多东南亚国家乃至其他地区的国家参与。加快对接中南半岛经济走廊步伐，为新通道注入新动能。深度融入共建"一带一路"高质量发展，面向全球市场。充分考虑以"一带一路"为统领的全面对外开放新形势，新通道建设高质量发展，应促进西部地区经济发展效率和质量,协同长江经济带建设以及优化"一带一路"总体布局等,新通道建设高质量发展应与共建"一带一路"高质量发展相互融合贯通,通过深度融入"一带一路"高质量发展,新通道建设质量得以不断提升,更好地服务于全球市场。最后扩大通道影响领域。主要体现在两大领域:一是对区域开放合作的影响力提升。重点深化与"一带一路"东南亚沿线国家开放合作。充分发挥西部与东盟国家陆海相邻的特殊优势,打造中国—东盟博览会升级版,面向东盟的金融开放门户,数字贸易中心以及跨境产业园等各种专业合作平台建设,推动中国西部企业走出去,融入全球供应链。二是对区域内外产业发展的影响提升。新通道建设高质量发展,加强基础设施互联互通和产业融合发展,强调新通道与"一带一路"建设、长江经济带发展以及粤港澳大湾区建设、海南全面深化改革开放等深度衔接。主动对标粤港澳大湾区和东部沿海地区的高水平开放,对接先进生产力的重要战略方向,主动接受发达地区的沿海辐射,承接发达地区的产业转移,促进东西经济双向互济和产业深度融合发展。

第三,更加重视西部地区自贸试验区作为推动通道沿线各省区市经济转型升级和发展优势再创新的引领者的作用。实施自贸试验区与西部陆海新通道建设在理念、功能价值以及制度创新协同上有着许多相通之处。首先,自由贸易试验区建设过程中遵循"投资自由化、贸易市场化、金融国际化、管理规范化"相呼应。例如,政策沟通可以促进管理规范化,贸易畅通有助于实现贸易市场化,货币流通则是金融国际化的前提和重要保障。二者在发展理念和内涵上有着诸多共同点。其次,西部陆海新通道建设，旨在推动与沿线国家与地区交流合作开拓新的发展空间，旨在推动中国西部地区经济高质量发展。西部省区市实施自贸试验区是西部新一轮深化开放开发的重要载体，是推动西部地区对外开放的新高地，其宗旨是消除西部地区贸易制度障碍，提高贸易投资便利化，与西部陆海新通道一样承担着推动与沿线国家和地区的对外开放，密切经贸投资合作和对外交流的功能定位。西部地区自贸区在拥有特殊的区位优势基础上，加上自贸区高效的监管，借助自身能够极大地提升西部陆海新通道沿线产业聚集、辐射、区域融合的效应。最后，西部自贸区是先行先试的急先锋，为西部陆海新通道建设高质量发展创造了制度创新的试点，而西部陆海新通道作为西部地区对外开放的重要载体，为深化与沿线国家和地区经贸合作，需要在进一步推动金融市场开放和服务提升，简化审批制度等方向进行积极探索改革。

因此，应进一步发挥西部自贸试验区作为推动沿线各省区市经济结构转型和发展优势再创新的引领者优势。建议：一是在产业转型升级方面，重点发展现代服务业等高附加值产业，提升金融服务水准，采取积极吸引人才、激发人才的服务功能等，为沿线各省区市发展战略升级提供不竭的内生动力，为经济转型升级增添创新动能；二是借鉴上海自贸试验区建设离岸贸易、建设国际大宗商品交易平台措施，突出交易、运输、资金等多维度中心的功能，创新贸易业态，实现贸易结构的转型升级；三是重视引进来和走出去并举的双向开放模式，更加强调鼓励西部地区企业走出去，完成海外市场网络布局，更加积极主动地参与全球价值链分工体系。同时，认识到与国际规则相兼容是西部地区深化对外开放的内在要求，因此应该鼓励西部地区企业走出去，更加有机会熟悉而且能够参与到全球经济治理和国际规则的制定中，实现真正高层次的走出去。

第八节 加快构建通道沿线风险防控机制

在宏观层面，加快构建通道沿线国家地缘政治风险评价体系。与具有偶然性、不可预测性等特征的"黑天鹅事件"风险不同，地缘政治风险具有潜伏的，带着明显的警示信号和迹象等特征，但往往带来令人始料不及的后果，产生颠覆性的影响，牵涉面广大。如前所述，当前中国亟须突破复杂多变的地缘政治环境的束缚，实现破局，有效改善地缘政治环境，化危为机。在此背景下，本身就具有地缘政治经济意涵的西部陆海新通道，自然被赋予主动塑造中国外部环境，谋求改善地缘政治环境的战略担当。事实上，由于全球化发生深刻转型，对地缘政治格局带来复杂而深远的影响，产生的地缘政治后果也必然突出和严重，因此，在推进西部陆海新通道建设高质量发展进程中，中国应采取必要的措施，化解潜藏着来自地缘政治的挑战和风险。主要措施是：第一，对涉及通道沿线国家或地区重大基础设施项目的地缘政治风险评估需机制化、专业化和科学化，设立包括政治、经济、文化等具体评估地缘政治风险的考核指标。着重评估重大基础设施项目建设产生的后果，比如，政治后果是该项目会不会引发域外大国势力插手干预，招致地缘政治冲突，是否会改变现有的地缘利益格局。经济后果是，是否会引

第六章 推进西部陆海新通道建设高质量发展的对策建议

起大国展开激烈的地缘经济博弈，尤其是否会影响到域外大国的经济收益，从而导致这些国家采取反制、对抗、干扰，甚至极限施压政策，以及是否会对沿线国家经济发展带来负面影响，从而影响沿线国家之间的经贸合作。社会稳定后果是，建设项目是否会引起沿线部分国家内部的宗教、文化纠纷和矛盾，对这些国家产生负面的社会后果。

第二，加快建立通道沿线重大基础设施项目商事争端机制。一是建立具有针对性的通道沿线重大基础设施项目的商事争端解决机构。当出现商事争端纠纷时，该机构可以采取有效的措施，快速解决项目设计的商事争端中各种问题，缩短争端解决时间，降低争端解决成本，提高争端解决能力。二是增加纠纷仲裁的前置性程序。三是积极推动仲裁机制的实施，应当提高通过仲裁程序解决争端的意识，并有责任、有义务将仲裁作为解决相关商事争端的重要途径。四是加强法律人才队伍建设。商事纠纷解决机制推进落实，取决于相关法律人才专业素养和专业能力，所以应当加强对于专业的法律人才的培养工作，同时要加强法律人才队伍的建设工作。其中，法院人才是"一带一路"跨境数字贸易纠纷解决机制之中的关键，加强法院人才的培养，这样才能够促使目前纠纷解决机制当中司法作用得到充分的发挥。另外，通道沿线出现商事纠纷解决过程之中，提升律师工作素质和业务能力，有助于商事纠纷解决机制顺利落实。

在中微观层面，注重有效维护产业链供应链安全。实施新发展格局战略的主要特征以及要求，决定了产业链供应链安全稳定是大国经济循环畅通的关键。因为，在当今全球产业链供应链竞争日趋激烈的背景下，必须立足强大的国内市场，加快提升产业链供应链现代化水平，提高我国产业核心竞争力，维护产业链供应链稳定和安全，加快构建双循环发展格局，推动实现更高质量、更加公平、可持续、更为安全的发展。全球新冠肺炎疫情持续蔓延，全球政治经济格局面临动荡不安，更多不确定性出现，也带来了产业链供应链安全稳定面临更多风险和挑战。因此，应加快建立通道全沿线程供应链总担保机制，建立通道沿线合作协议和监督机制，各方建立通道风险责任监管、运营风险监管、差异化风险监管和一体化协同风险分担多维机制。尤其重要的是，通道要建立快速响应和弹性能力的供应链防控机制，即能对快速变化的市场和客户需求作出快速和准确的反应，同时又能在面临重大外部灾害冲击时迅速恢复。例如，此次新冠肺炎疫情大流行是一场典型的具有突发性、破坏性、不确定性和急迫性的大危机，它严重冲击了生产链和供应链的安全和稳定，并持续已达半年，严重影响且阻断国家间的合作与互联互通。[①] 因此，参与陆海新通道的企业应加快建立稳定、高质量、足够弹性、韧性的现代企业管理制度，提升安全标准和质量标准；加快通道沿线省区市建设备份和具有可替代能力。

---

① 翟崑：《新冠疫情与东亚合作的"转危为机"研究议程》，载《国际政治研究》2020年第3期，第125页。

第九节　探索建立畅通各要素在通道沿线西部省区市自由流动的内需体制机制

实现西部不同区域间的产业循环、市场循环、经济社会循环，充分激发西部地区自身大规模潜在内需市场孕育的潜力与活力，加快形成西部双循环新发展格局。一是要畅通陆海新通道沿线的产业循环，加快完成通道经济带区域内产业一体化布局。通过承接东部产业转移和分流，围绕通道沿线形成分工有序、具有显著比较优势的区域产业一体化布局。成渝城市群是陆海新通道沿线中最具备成为全球竞争力潜能的城市群，成都和重庆发挥双城带动作用，引领辐射带动周边地区，形成上下紧密一体化的全产业链布局，打造具有全球竞争力的产业集群。同时，在双核驱动创新的带动下，着力建设国家的区域科技创新中心平台，本着共建共享推进区域创新，促进创新资源和高端要素协同融合，进而迈向全球价值链高端，成为一定区域辐射力的资金、人才和信息等要素具备比较优势和竞争优势兼备的集聚中心。

二是加快经济圈、城市群建设引领通道一体化，畅通经济社会循环，加速形成通道沿线各城市群协同治理发展格局。陆海新通道高质量发展应该以西部中心城市引领通道大都市圈，以城市群的协同发展为基本发展模式,推进陆海新通道沿线区域经济一体化。陆海新通道沿线区域一体化应围绕陆海新通道主通道为建设主轴,重点打造成渝城市双城经济群和北部湾城市群,明确不同城市群的功能定位和发展重点,强化轴带引领作用,加强沿线城市群内部和不同城市群间的分工合作。在区域治理方面,沿线城市群需要形成协同发展的整体合力,这样有利于提升整体优势,促使中国西部内陆地区更好地参与双循环,在扩大内需中发挥重要作用。制定沿线城市群规划时,要有全国一盘棋的整体布局意识,更好地服务于全国经济布局。[①]

---

① 王峰、罗志鹏. 东盟基础设施的潜在需求及中国的投资对策[J]. 深圳大学学报(人文社会科学版),2012,29(04).

参考文献

[1] 习近平.《习近平谈治国理政（第三卷）》[M].北京：国家外文出版社，2020.

[2] 宁坚.《促进四川南向物流降本增效，推动西部陆海新通道高质量发展》[J].《交通建设与管理》，2020(4).

[3] 李牧原.《重庆方略助推西部陆海新通道建设拾级而上》[J].《集装箱化》，2020(4).

[4] 张家寿.《打造西部陆海新通道 提升广西服务"一带一路"能力研究》[J].《桂海论丛》,2019(6).

[5] 殷克东，方胜民.《海洋强国指标体系》[M].北京：经济科学出版社.2008.

[6] 王昌林.《新发展格局：国内大循环为主体，国内国际双循环相互促进》[M].北京：中信出版社.2021.

[7] 袁国宝.《双循环：构建以国内大循环为主体 国内国际双循环相互促进的新发展格局》[M].北京：中国经济出版社.2021.

[8] 傅远佳.《新时代高水平开放与西部陆海新通道建设研究》[C].北京：经济管理出版社.2020.

[9] 陈小辉.《西部陆海新通道海铁联运发展与对策研究》[J].

《铁道货运》, 2020（6）.

[10] 吴俊.《以新基建助推西部陆海新通道建设提速升级》[J].《当代广西》, 2020(21).

[11] 张俊雄.《为西部陆海新通道插上"数字翅膀"》[J].《当代广西》, 2020(21).

[12] 贾根良.《国内大循环》[M]. 北京：中国人民大学出版社, 2020.

[13] （英）威廉·配第:《赋税论》[M]. 北京：华夏出版社, 2006.

[14] 刘伟.《读懂"一带一路"蓝图——详解共建"一带一路"：理念实践与中国的贡献》[M]. 北京：商务印书馆, 2017.

[15] 张根福, 魏斌.《习近平海洋强国战略思想探析》[J].《思想理论教育导刊》, 2018(5).

[16] 郑义炜.《陆海复合型中国"海洋强国"战略分析》[J].《东北亚论坛》, 2018(2).

[17] 蔡安宁.《基于空间视角的陆海统筹战略思考》[J].《世界地理研究》, 2012(1).

[18] 王一鸣.《"双循环"新格局下的经济发展》[J].《中国金融》, 2020（17）.

[19] 习近平.《决胜全面建成小康社会夺取新时代中国特色社会主义伟大胜利—在中国共产党第十九次全国代表大会上的报告（2017年10月18日）》[M]. 北京：人民出版社, 2017.

[20] 吴俊.《以新基建助推西部陆海新通道建设提速升级》[J].

《当代广西》,2020(21).

[21] 杨祥章,郑永年.《"一带一路"框架下的国际陆海贸易新通道建设初探》[J].《南洋问题研究》,2019(1).

[22] 黄建纲.《金融支持西部陆海新通道基础设施建设研究》[J].《当代金融研究》,2020(2).

[23] 吴光豪.《西部陆海新通道物流金融服务体系构建研究——以重庆市为例》[J].《区域金融研究》,2020(5).

[24] 蔡安宁.《基于空间视角的陆海统筹战略思考》[J].《世界地理研究》,2012(1).

[25] 王一鸣.《"双循环"新格局下的经济发展》[J].《中国金融》,2020(17).

[26] 翟崑,陈旖琦.《第三个奇迹:中国-东盟命运共同体建设进程及展望》[J].《云南师范大学学报(哲学社会科学版)》,2020(5).

[27] 常修泽.《关于要素市场化配置改革再探讨》[J].《改革与战略》,2020(9).

[28] 王勤,赵雪霏.《论中国-东盟自贸区与共建"一带一路"》[J].《厦门大学学报(哲学社会科学版)》,2020(5).

[29] 张晓强.《关于中美贸易与投资的几点看法》[J].《全球化》,2019(12).

[30] 张俊雄.《为西部陆海新通道插上"数字翅膀"》[J].《当代广西》,2020(21).

[31] 胡颖,徐强.《哈萨克斯坦物流运输业发展与新时代中哈合作对策》[J].《新疆财经》,2018(3).

[32] 国务院发展研究中心课题组.《未来15年国际经济格局变

化和中国战略选择》[J].《管理世界》, 2018(12).

[33] 宋启方.《对船舶装载安全和航线经营的影响及对策》[J].《世界海运》, 2013（4）.

[34] 刘银红.《集转箱国际标准箱型的发展趋势研究》[J].《交通标准化》, 2010（14）.

[35] 杨东升.《推进连云港市工业化与城市化协调发展的战略思考》[J].《大陆桥视野》, 2015（1）.

[36] 常修泽,何亚斌.《要素市场化配置与产权市场命运——产权"生产要素生命论"探讨》[J],《产权导刊》, 2020(6).

[37] 余淼杰.《"大变局"与中国经济"双循环"发展新格局》[J],《上海对外经贸大学学报》, 2020(6).

英文文献

[1] Dreher, "Does Globalization Affect Growth? Empirical Evidence from a new Index Globalization", Applied Economics, Vol.38, No.10, 2006, pp.1091-1110.

[2] Fischer, "Globalization and its challenges", American Economic Review, Vol.93, No.2, 2003, pp.1-30.

[3] Stiglitz, "Globalization and its discontents", England: Penguin Books. 2002，p.120.